사이언스 아카데미

우주 탐사

장익준 지음

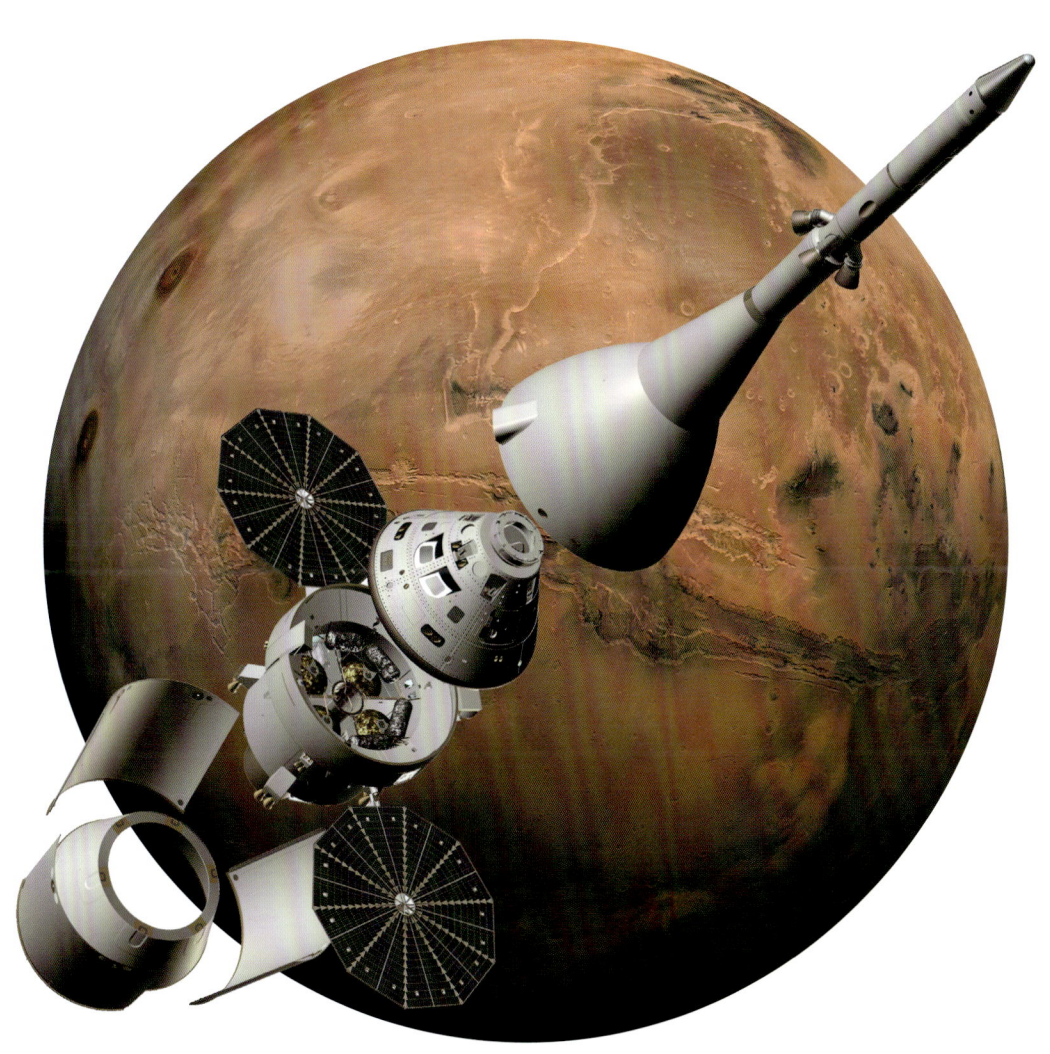

솔빛길

지은이 장익준

경희대학교 우주과학과와 고려사이버대학교 경영학과에서 공부했다. 인디포럼 영화제 프로그래머, 주식회사 엔빈스 지식경영실장, 연세대학교 지식정보화연구센터 연구원, 웅진씽크빅《과학쟁이》 편집장으로 일했다. 지은 책으로는 『u-City 거버넌스』(2009), 『밀리터리 잡학 노트』(2010), 『할리우드 시크릿』(2010), 『매일매일 발명 트레이닝』(2011)이 있다.

사이언스 아카데미 **우주 탐사**

초판 1쇄 발행 2016년 6월 2일

지은이 장익준
발행인 도영
디자인 정혜승
마케팅 김영란
발행처 솔빛길　　**등록** 2012-000052
주소 서울시 마포구 동교로 142, 5층(서교동)
전화 02) 909-5517
Fax 0505) 303-9048
이메일 anemone70@hanmail.net

ISBN 978-89-98120-30-6 73440

*이 책은 저작권법에 따라 보호받는 저작물이므로 무단 전재와 무단 복제를 금지하며,
　이 책 내용의 전부 또는 일부를 이용하려면 반드시 저작권자와 솔빛길의 서면 동의를 받아야 합니다.
*이 도서의 국립중앙도서관 출판예정도서목록(CIP)은 서지정보유통지원시스템 홈페이지
　(http://seoji.nl.go.kr)와 국가자료공동목록시스템(http://www.nl.go.kr/kolisnet)에서
　이용하실 수 있습니다.(CIP제어번호: CIP2016)

책값은 뒤표지에 있습니다.

차례 CONTENTS

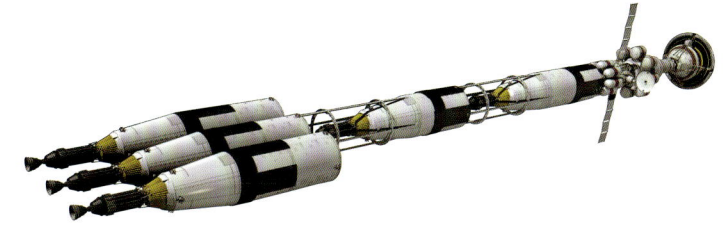

01 우주 탐사의 과학 ★ Space Exploration Science

06 지구를 벗어나 우주로 떠나자 08 우주는 어디서부터일까? 09 우주 여행은 빠른 속도가 필요해 10 반작용으로 날아오르는 로켓 11 다단 로켓을 타고 더 높은 곳으로 12 인공위성을 쏘아 올리는 아리안 5호 로켓 13 아리안 5호 로켓의 구조 14 지구를 위해 일하는 인공위성 15 우주에서 꼼꼼하게 지구를 살핀다 15 지구 어디서든 자기 위치를 알 수 있다 16 우주를 보는 지구의 눈, 허블우주망원경 17 허블우주망원경이 포착한 우주의 신비 18 소유스 유인 우주선 20 지구와 우주를 오가는 우주왕복선 22 우리 힘으로 로켓을 쏘다! 23 우주에서 미래를 찾는다

02 국제우주정거장 ★ International Space Station

26 여기는 국제우주정거장 27 세계 16개 나라가 힘을 합치다 28 국제우주정거장의 구조 30 우주에서 바라본 지구 32 지구에서 가장 높은 곳에 있는 실험실 34 지상에 있는 국제우주정거장 35 물속에서 무중력을 연습한다 36 1인용 우주선, 선외 활동용 우주복 38 국제우주정거장의 일상

03 지구에서 달까지 ★ From the Earth to the Moon

42 달은 지구의 하나뿐인 위성 43 지구를 중심으로 공전하는 달 45 거대한 충돌로 탄생한 달 46 목표는 달! 아폴로 계획 48 지구에 달을 만들다 50 작지만 위대한 한 걸음 51 아폴로 계획이 남긴 것 52 달에서 자원을 찾는다 54 대한민국 달 탐사 프로젝트 56 달에 우주 기지를 건설한다

04 화성으로 가는 길 ★ Mission to Mars

60 지구를 닮은 행성들 61 극과 극의 온도 차이를 가진 행성, 수성 62 지구 생명체에겐 최악의 행성, 금성 63 호기심을 자극하는 붉은 행성, 화성 65 화성 탐사 로버 큐리오시티 66 큐리오시티가 탐사한 화성의 모습 68 화성에서 물을 찾아라 69 우주에서 화성을 분석한다 70 화성에 가려면 연습이 필요해 72 2035년에는 화성으로 간다 74 화성을 지구처럼 만드는 거대한 계획

05 미래를 여는 우주 탐사 ★ The Future of Space Exploration

78 오리온 다목적 유인 우주선 80 SLS 우주 발사 시스템 81 X-37 무인 우주왕복선 82 민간 우주 기업 스페이스X의 도전 84 풍선처럼 부풀어 오르는 우주정거장 85 우주로 여행을 떠나자 86 우주 쓰레기 청소 작전 87 소행성을 추적하라 88 더 멀리 우주를 보는 거대 망원경 89 지구와 닮은꼴 행성을 찾는다 90 우주로 솟아오른 유로파의 물기둥 91 유로파의 생명체를 찾아서 92 태양계 바깥에는 무엇이 있을까? 93 보이저 호, 지구를 떠난 외로운 여행자 94 행성을 오가는 우주선의 시대 95 지구를 떠나 우주에서 사는 날

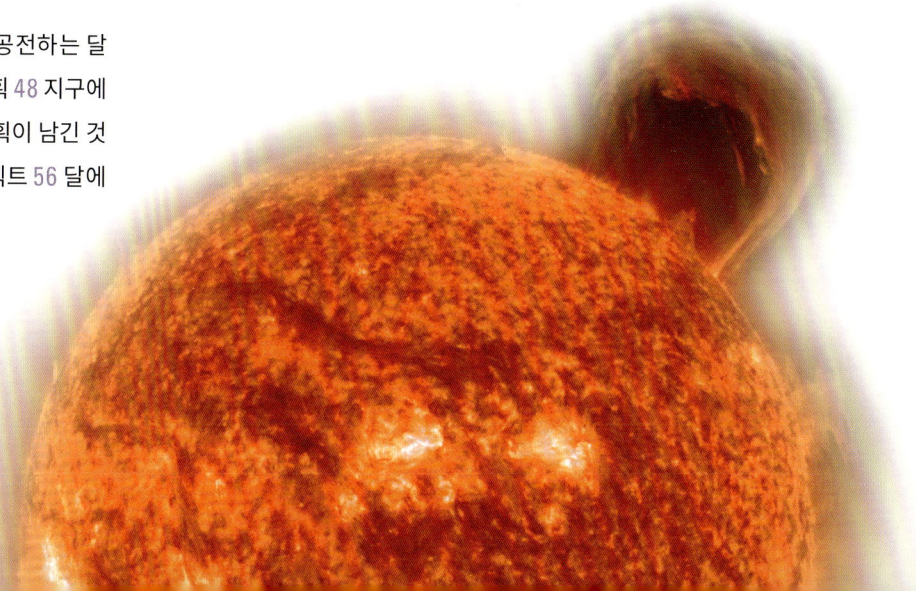

 우리가 살고 있는 지구는 태양을 중심으로 공전하는 행성으로, 우주에 있는 수많은 천체들 중 하나이다. 지구를 벗어나 우주 공간으로 나가기 위해서는 지구의 중력을 벗어날 만큼 빠른 로켓을 만들어야 한다. 그리고 강력한 방사선이 있고 숨 쉴 공기가 없는 우주를 여행하기 위해서는 튼튼한 우주선이 필요하다. 우주 탐사는 과학의 힘이 있어야 가능하고, 우주로 나가 알게 된 새로운 지식들은 인류의 과학을 더 높은 단계로 이끌어 준다.

01
우주 탐사의 과학
Space Exploration Science

태양 중심부에서 일어나는 핵융합 작용으로 스스로 빛을 내는 항성(별). 고온의 가스 덩어리다.

지구 항성인 태양을 중심으로 공전하고 있는 태양계 행성 중 하나. 암석으로 되어 있으며 표면에는 바다와 대륙 그리고 대기가 뚜렷하게 보인다.

달 행성인 지구를 중심으로 공전하는 위성. 대기가 없고 표면에 수많은 크레이터가 있다.

지구를 벗어나 우주로 떠나자

우리가 살고 있는 지구는 거대한 우주의 한 부분이다. 지구에서 보면 해와 달 그리고 수많은 별들이 낮과 밤을 오가며 지구의 하늘을 장식하는 것 같지만, 사실은 지구를 포함해서 수많은 천체들이 우주의 법칙에 따라 각자의 궤도에서 움직이고 있는 것이다. 과학이 발전함에 따라 인류는 태양이 지구와 가장 가까운 항성이라는 것을 알게 되었고, 달이 지구를 중심으로 공전하는 유일한 위성이라는 것을 알게 되었다. 밤하늘에 길게 드리워진 은하수가 지구와 태양계가 속해 있는 우리은하를 옆에서 보는 모습이라는 것도 알게 되었다. 오래전부터 사람들은 지구를 벗어나 별들이 있는 우주로 떠나는 상상을 해 왔다. 우주에 대한 호기심은 지금까지 과학과 기술 발전에 큰 역할을 해 왔고 앞으로도 인류를 미래로 이끌 것이다.

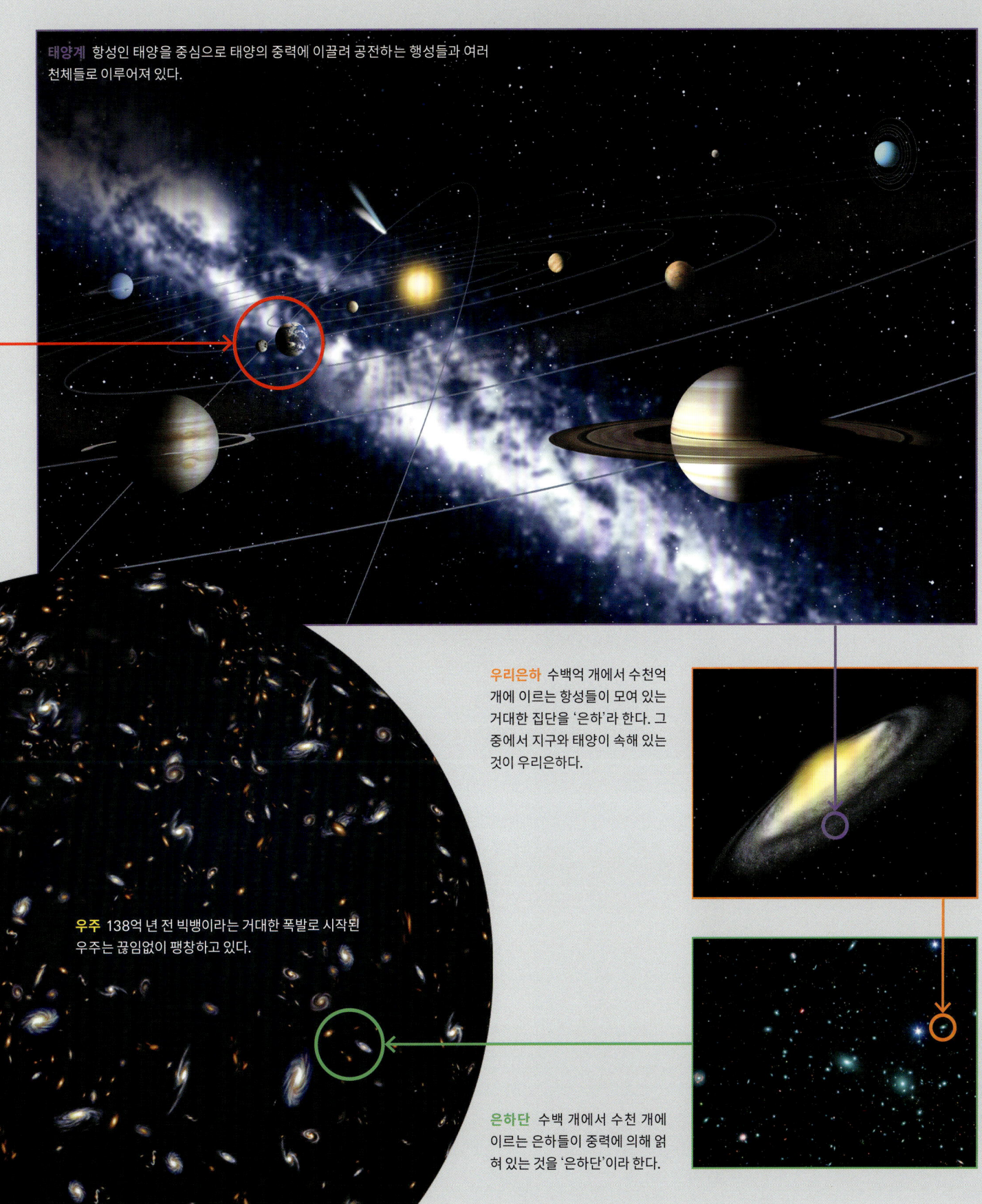

태양계 항성인 태양을 중심으로 태양의 중력에 이끌려 공전하는 행성들과 여러 천체들로 이루어져 있다.

우리은하 수백억 개에서 수천억 개에 이르는 항성들이 모여 있는 거대한 집단을 '은하'라 한다. 그 중에서 지구와 태양이 속해 있는 것이 우리은하다.

우주 138억 년 전 빅뱅이라는 거대한 폭발로 시작된 우주는 끊임없이 팽창하고 있다.

은하단 수백 개에서 수천 개에 이르는 은하들이 중력에 의해 얽혀 있는 것을 '은하단'이라 한다.

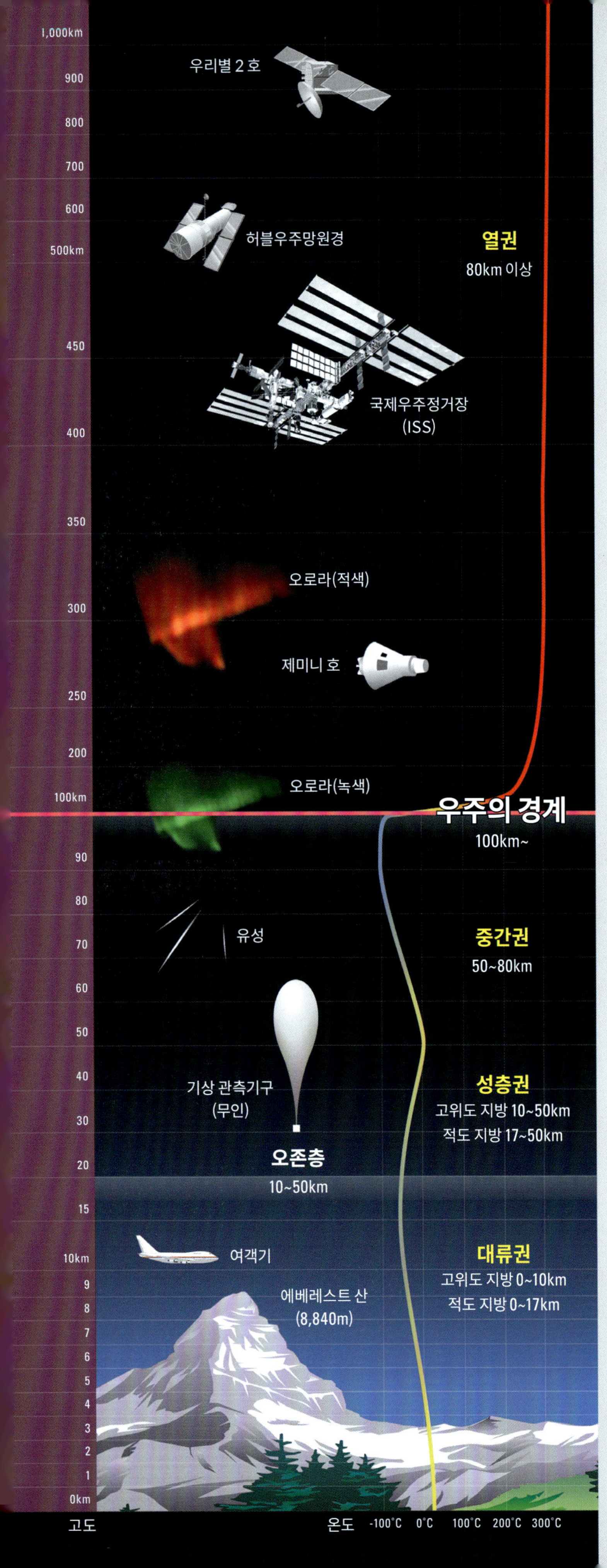

고도 400km 국제우주정거장에서 바라보면 지구를 둘러싸고 있는 지구 대기권이 옅어지는 모습을 볼 수 있다.

오로라는 태양에서 오는 입자들이 지구 대기권과 부딪히며 빛을 내는 현상으로 고도에 따라 주로 녹색과 적색을 띤다.

우주는 어디서부터일까?

지구를 벗어나면 우주 공간으로 들어선다. 그렇다면 어디까지가 지구이고 어디서부터가 우주일까? 행성을 둘러싸고 있는 기체를 '대기'라 하고, 행성 표면에서 위쪽까지 대기가 있는 공간을 '대기권'이라 한다. 지구 대기권의 꼭대기 높이는 땅 표면으로부터 대략 1,000km까지이며 고도에 따라 온도가 어떻게 변하는지에 따라 아래서부터 대류권, 성층권, 중간권, 열권의 네 개 층으로 나눈다. 국제항공연맹(FAI)은 고도 100km를 '우주가 시작되는 고도'로 정의하고 고도 100km 이상을 비행한다면 우주여행을 시작한 것으로 인정하고 있다. 미국의 2인승 우주선 제미니 호는 약 300~1,000km 고도에서 비행했으며, 국제우주정거장의 고도는 약 400km다.

우주여행은 빠른 속도가 필요해

지구에 있는 모든 물체는 지구 중심을 향해 끌어당기는 힘인 중력의 영향을 받는다. 하늘을 향해 힘껏 공을 던지면 높이 올라가던 공이 속도가 점점 느려지다가 다시 땅으로 떨어지는 것도 지구의 중력을 이기지 못하기 때문이다. 로켓을 쏘아 우주로 날아갈 때도 같은 원리가 적용되어 지구의 중력을 이길 만큼 빠른 속도로 날아가지 않으면 지구를 벗어나지 못하고 포물선을 그리며 다시 땅으로 떨어지는 탄도 비행을 하게 된다.

지구의 중력을 이길 만큼 빠른 속도로 로켓을 쏘면 어떻게 될까? 로켓이 초속 7.9km(제1 우주 속도)로 날아가면 지구의 중력과 우주선의 원심력이 균형을 이뤄 땅에 떨어지지 않고 지구 주위를 계속 도는 '지구 주회 궤도'에 오른다. 인공위성과 우주정거장이 이 원리를 이용한 것이다. 초속 11.2km(제2 우주 속도)로 움직이면 지구 주회 궤도 바깥으로 나갈 수 있어 '지구 탈출 속도'라고도 한다. 태양의 중력을 벗어나 태양계 바깥으로 나가려면 초속 16.7km(제3 우주 속도)를 넘어야 한다.

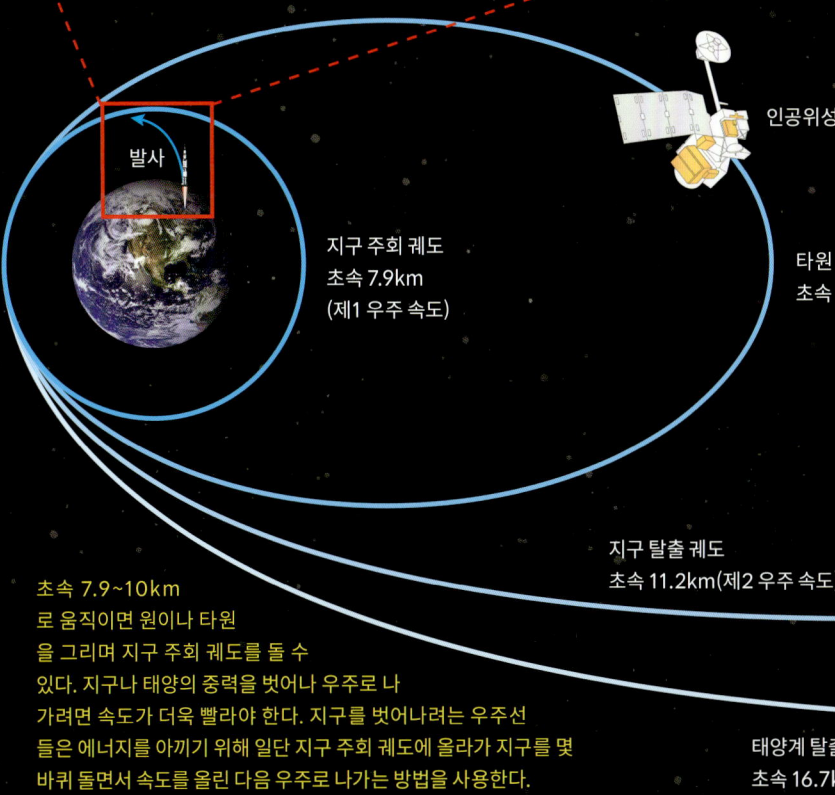

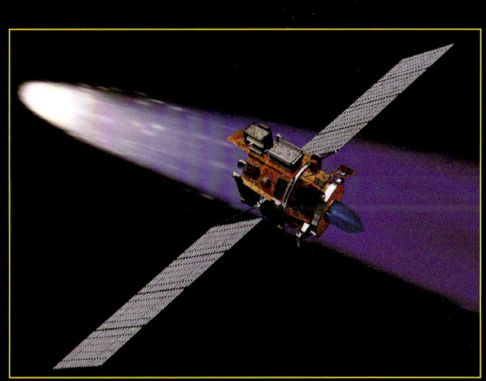

일단 지구를 벗어난 우주선은 지구 중력의 영향도 받지 않고 공기의 저항도 없기 때문에 적은 에너지로도 속도를 쌓아 나가 점점 빠르게 날아갈 수 있다. 이온 엔진으로 속도를 내고 있는 무인 탐사선 딥 스페이스 1호의 상상도

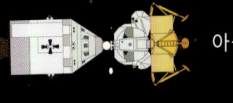

반작용으로 날아오르는 로켓

지구의 중력을 벗어나 우주로 나가려면 빠른 속도를 낼 수 있는 발사체가 필요하다. 화학 로켓은 액체나 고체 형태인 화학 연료를 연소시켜 나오는 가스를 깔때기 모양의 노즐로 내뿜어 속도를 낸다. 로켓이 빠른 속도로 가스를 분사하면 그 반작용으로 로켓은 위로 올라가게 되고 이 속도가 지구 중력을 이길 만큼 빠르면 우주로 나갈 수 있다. 화학 로켓은 공기가 없는 우주 공간에서도 연료를 태울 수 있도록 연료와 함께 연소에 필요한 산소(산화제)를 저장해 두었다가 연소 직전에 혼합하여 태운다. 화학 로켓의 연료와 산화제 모두 폭발하기 쉬운 위험한 물질이다. 그러므로 빠르고 안전한 로켓을 만들어 원하는 방향으로 쏘아 올리기 위해서는 아주 높은 수준의 기술이 필요하다.

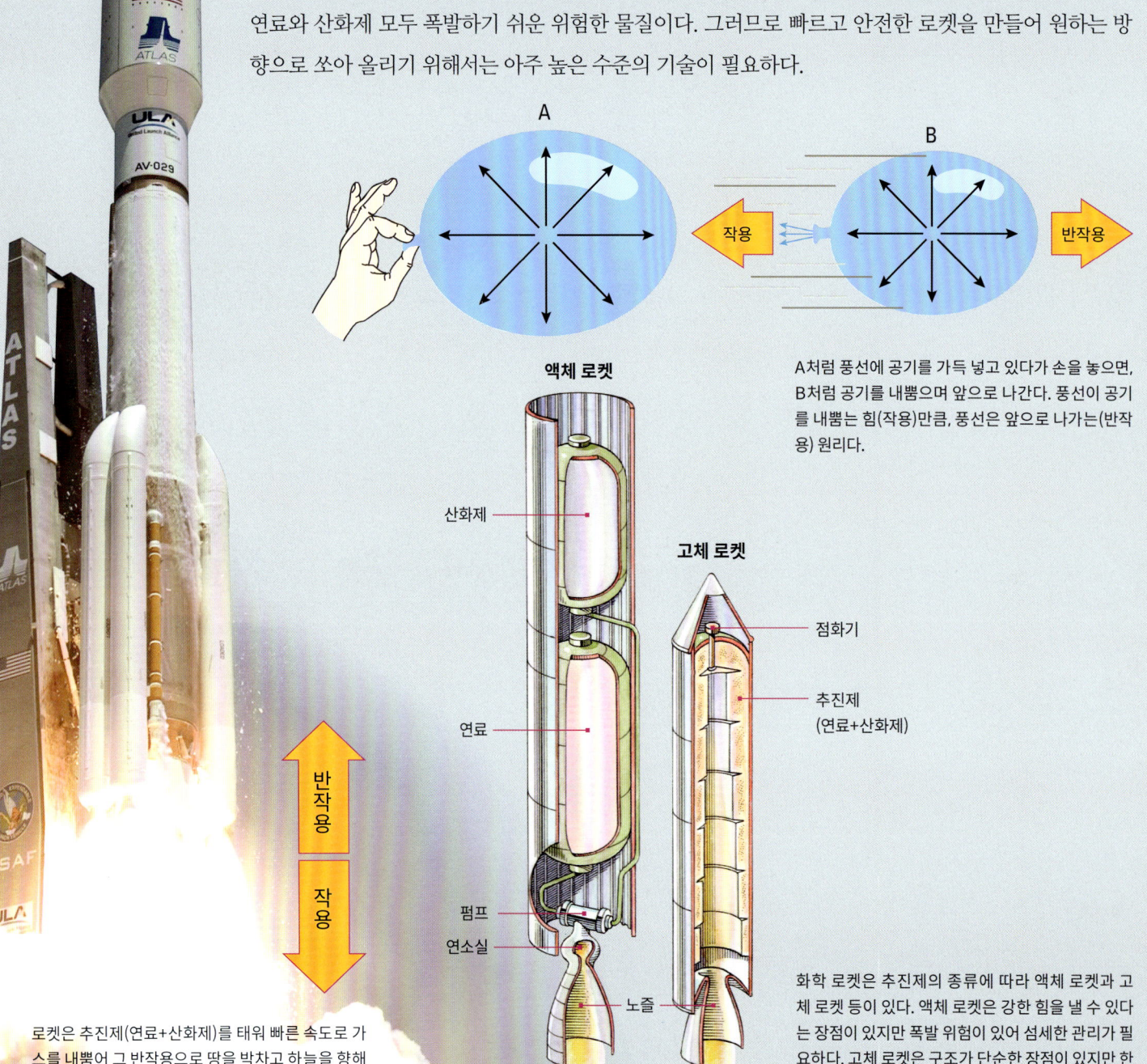

A처럼 풍선에 공기를 가득 넣고 있다가 손을 놓으면, B처럼 공기를 내뿜으며 앞으로 나간다. 풍선이 공기를 내뿜는 힘(작용)만큼, 풍선은 앞으로 나가는(반작용) 원리다.

로켓은 추진제(연료+산화제)를 태워 빠른 속도로 가스를 내뿜어 그 반작용으로 땅을 박차고 하늘을 향해 올라가는 원리를 이용하는 발사체다.

화학 로켓은 추진제의 종류에 따라 액체 로켓과 고체 로켓 등이 있다. 액체 로켓은 강한 힘을 낼 수 있다는 장점이 있지만 폭발 위험이 있어 섬세한 관리가 필요하다. 고체 로켓은 구조가 단순한 장점이 있지만 한 번 점화하면 중간에 멈출 수 없다.

다단 로켓을 타고 더 높은 곳으로

현재 우주 탐사에 쓰이는 로켓은 전체 무게의 80~90%가 추진제(연료와 산화제)로 채워져 있다. 지구의 중력을 벗어날 만큼 빠른 속도를 내려면 많은 연료를 연소시켜야 하는데 연료를 많이 실을수록 발사체가 더 무거워지는 문제가 있다. 대기가 있는 지구에서는 중력과 함께 공기와의 마찰로 속도가 떨어지는 것도 극복해야 한다. 그래서 등장한 방법이 다단 로켓이다. 여러 개의 로켓을 묶어 한 번에 점화해서 강력한 힘을 내거나, 이어달리기처럼 로켓을 순서대로 점화하고 다 쓴 로켓을 버려 무게를 줄이면서 날아가는 것이다. 다단 로켓은 액체 로켓과 고체 로켓을 여러 가지 방법으로 조합해서 만든다. 다단 로켓이 없었다면 달 착륙이나 국제우주정거장 건설 같은 우주 탐사 계획은 불가능했을 것이다.

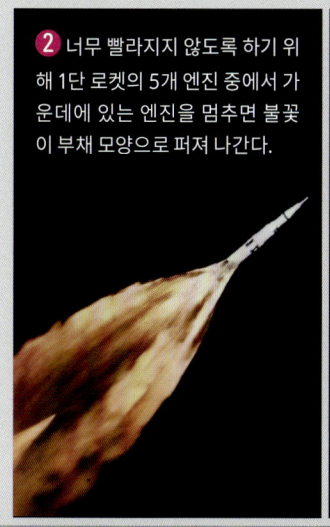

❷ 너무 빨라지지 않도록 하기 위해 1단 로켓의 5개 엔진 중에서 가운데에 있는 엔진을 멈추면 불꽃이 부채 모양으로 퍼져 나간다.

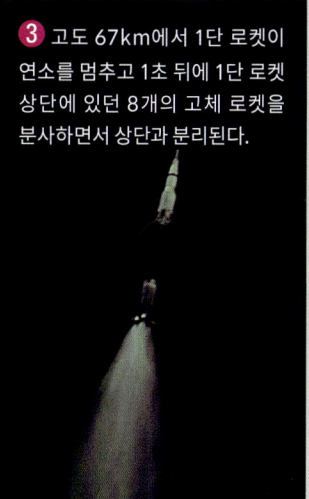

❸ 고도 67km에서 1단 로켓이 연소를 멈추고 1초 뒤에 1단 로켓 상단에 있던 8개의 고체 로켓을 분사하면서 상단과 분리된다.

❹ 2단 로켓이 6분 동안 연료를 태우면서 고도 176km에 이른다. 연료 탱크가 빈 것을 감지하면 상단과 분리된다.

❺ 3단 로켓이 2분 30초 동안 연료를 태우면서 지구 주회 궤도에 오른다. 다시 6분간 분사해 지구를 벗어난 다음 분리된다.

❶ 새턴 5호의 1단 로켓은 5개의 엔진을 점화하여 발사 후 2분 30초 만에 고도 68km, 최고 속도 마하 8까지 이른다.

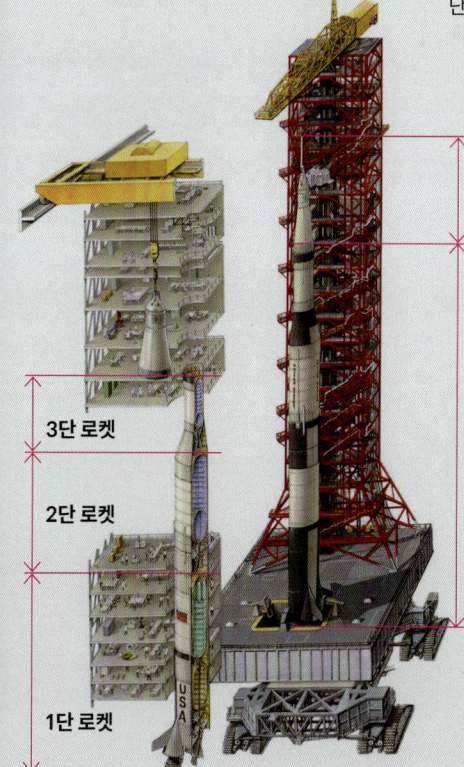

탑재체(사령선, 기계선, 달 착륙선)

발사체(로켓과 연료)

아폴로 우주선을 쏘아 올린 새턴 5호 로켓은 지금까지 인류가 만든 가장 강력한 로켓이다. 길이 110.6m의 3단 로켓을 이용하여 지구 저궤도에 약 118톤의 우주선을 올려놓을 수 있는 성능을 자랑했다.

인공위성을 쏘아 올리는 아리안 5호 로켓

　아리안 5호 로켓은 유럽우주국(ESA)이 인공위성 발사용으로 개발한 길이 59m의 2단 로켓이다. 액체 로켓인 1단 로켓과 고체 로켓인 부스터 2개를 함께 점화하여 추진력을 얻는다. 연소를 마친 부스터를 먼저 분리한 다음 1단 로켓을 분리하고 다시 액체 로켓인 2단 로켓을 점화하는 방식으로 비행한다. 아리안 5호 로켓은 발사체를 개발하지 못한 나라들을 대신해서 인공위성을 우주로 보내 주는 상업 로켓이다. 아리안 5호 로켓은 한 번 발사할 때 1~4개의 인공위성이나 무인 우주선을 실을 수 있고 모두 합쳐 10톤을 실을 수 있다. 아리안 5호 로켓은 적도 가까이에 있는 기아나 우주 센터에서 발사한다. 적도에서 지구의 자전 속도가 가장 빠르기 때문에, 이것을 이용해서 로켓의 속도를 좀 더 빠르게 하기 위해서다.

발사대에서 대기 중인 아리안 5호 로켓

부스터 2개를 함께 사용해 추진력을 얻는다.

발사에 성공한 아리안 5호 로켓의 궤적

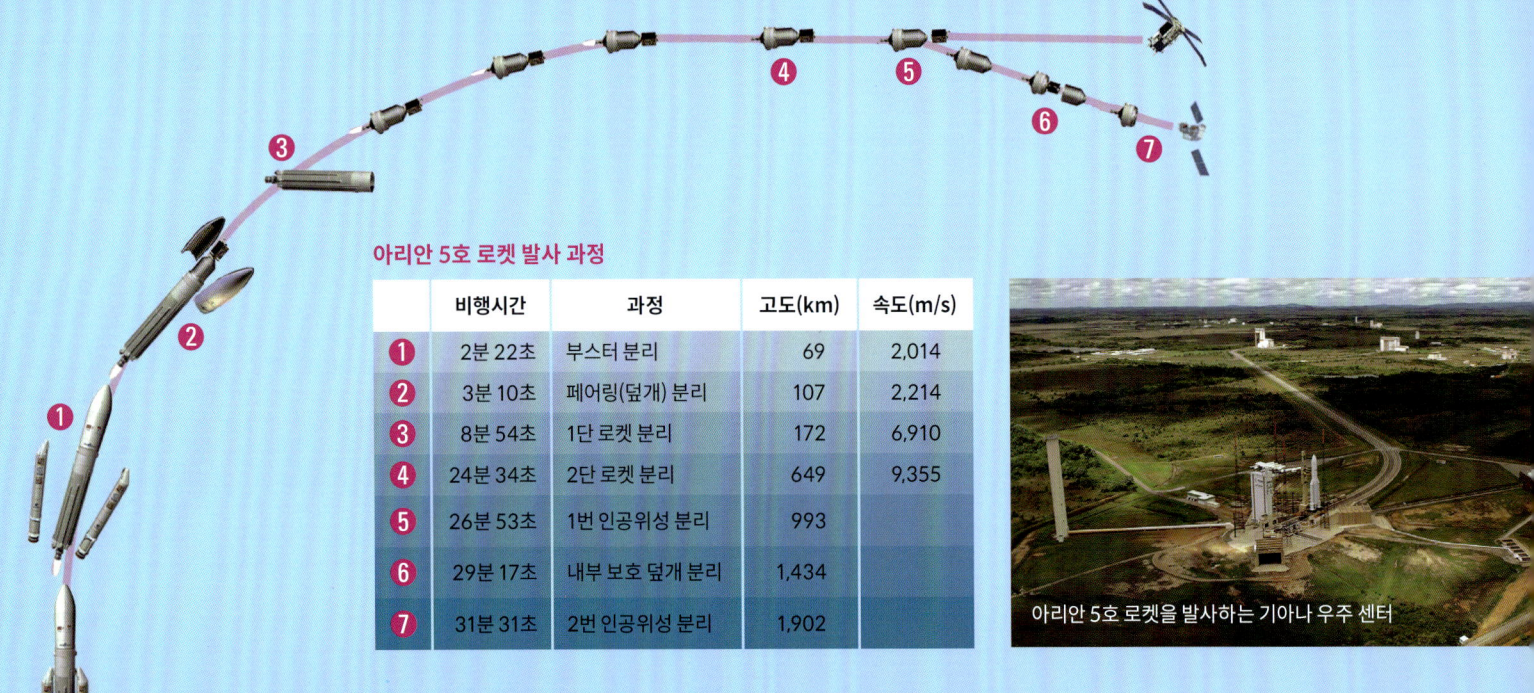

아리안 5호 로켓 발사 과정

	비행시간	과정	고도(km)	속도(m/s)
①	2분 22초	부스터 분리	69	2,014
②	3분 10초	페어링(덮개) 분리	107	2,214
③	8분 54초	1단 로켓 분리	172	6,910
④	24분 34초	2단 로켓 분리	649	9,355
⑤	26분 53초	1번 인공위성 분리	993	
⑥	29분 17초	내부 보호 덮개 분리	1,434	
⑦	31분 31초	2번 인공위성 분리	1,902	

아리안 5호 로켓을 발사하는 기아나 우주 센터

아리안 5호 로켓의 구조

아리안 5호 로켓의 1단 로켓은 연료로 쓰이는 25톤의 액체 수소와 산화제로 쓰이는 130톤의 액체 산소를 싣고 벌케인 엔진 1개를 이용하여 추진제를 연소시킨다. 액체 로켓은 연료와 산화제를 알맞게 배합하여 연소시키는 것이 중요하다. 최대의 효율을 낼 수 있는 비율로 추진제를 혼합하고, 연소하는 동안 이 비율이 일정하게 유지되도록 하는 중요한 기술이다. 아리안 5호 로켓은 여러 개의 인공위성을 순서대로 발사하기 위해 외부 페어링(덮개) 안에 다시 내부 보호 덮개가 들어 있는 독특한 방식을 사용하고 있다.

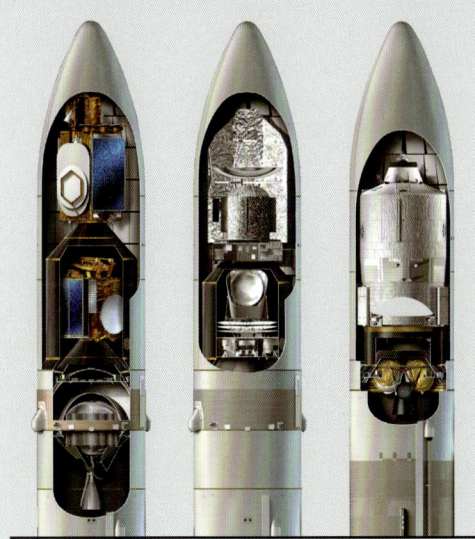

아리안 5호 로켓은 한 번에 여러 개의 인공위성을 발사하기 위해 임무에 따라 다양한 방식으로 인공위성이나 무인 우주선을 싣는다.

벌케인 엔진은 액체 수소(연료)와 액체 산소(산화제)를 추진제로 쓴다. 최신형인 '벌케인 2' 엔진은 약 650초 동안 연료를 태우며 길이는 3.44m, 지름은 2.09m다.

- 외부 페어링
- 1번 인공위성
- 내부 보호 덮개
- 2번 인공위성
- 2단 로켓 엔진
- 액체 산소(산화제) 탱크
- 고체 부스터 점화기
- 액체 수소(연료) 탱크
- 고체 부스터 추진제
- 1단 로켓 엔진(벌케인 2)

지구를 위해 일하는 인공위성

　인공위성은 로켓에 실려 지구 대기권 밖으로 나간 다음 원이나 타원 궤도를 따라 지구 둘레를 비행하는 물체를 뜻한다. 국제 전화를 걸어 다른 나라에 사는 사람들과 통화를 하고, 지구 반대편에서 벌어지는 운동 경기를 텔레비전 중계로 볼 수 있는 것은 모두 인공위성이 있어서 가능하다. 내비게이션으로 길을 찾고 스마트 기기로 정확한 시각을 알 수 있는 것도 인공위성에서 보내 주는 신호가 있어서 가능하다. 기상을 관측하고 산불을 감시하고 우주를 연구하는 등 지금도 수많은 인공위성이 지구 둘레를 비행하며 다양한 일을 하고 있다.

인공위성은 맡은 역할에 따라 다양한 궤도를 이용한다.

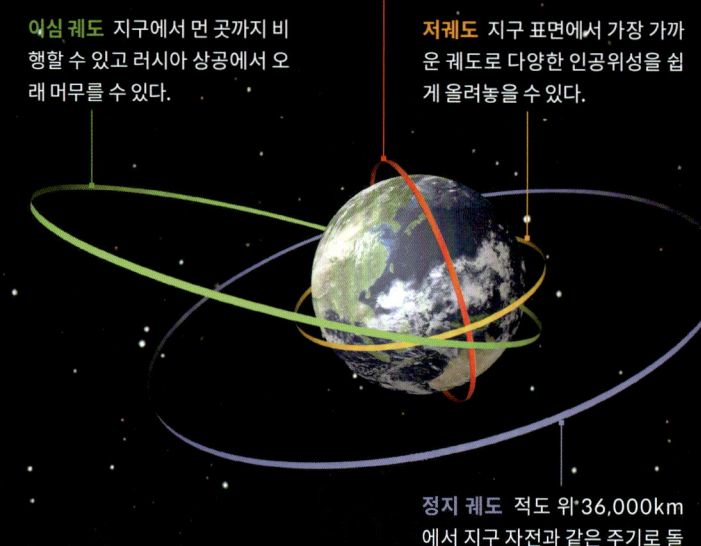

극궤도 북극과 남극 상공을 남북으로 도는 궤도로 자전하는 지구 곳곳을 살필 수 있다.

이심 궤도 지구에서 먼 곳까지 비행할 수 있고 러시아 상공에서 오래 머무를 수 있다.

저궤도 지구 표면에서 가장 가까운 궤도로 다양한 인공위성을 쉽게 올려놓을 수 있다.

정지 궤도 적도 위 36,000km에서 지구 자전과 같은 주기로 돌아 항상 같은 곳에 있다.

1년에 120~140개의 인공위성이 발사되고 있으며, 약 2,000여 개의 인공위성이 여러 궤도에서 활동하고 있다.

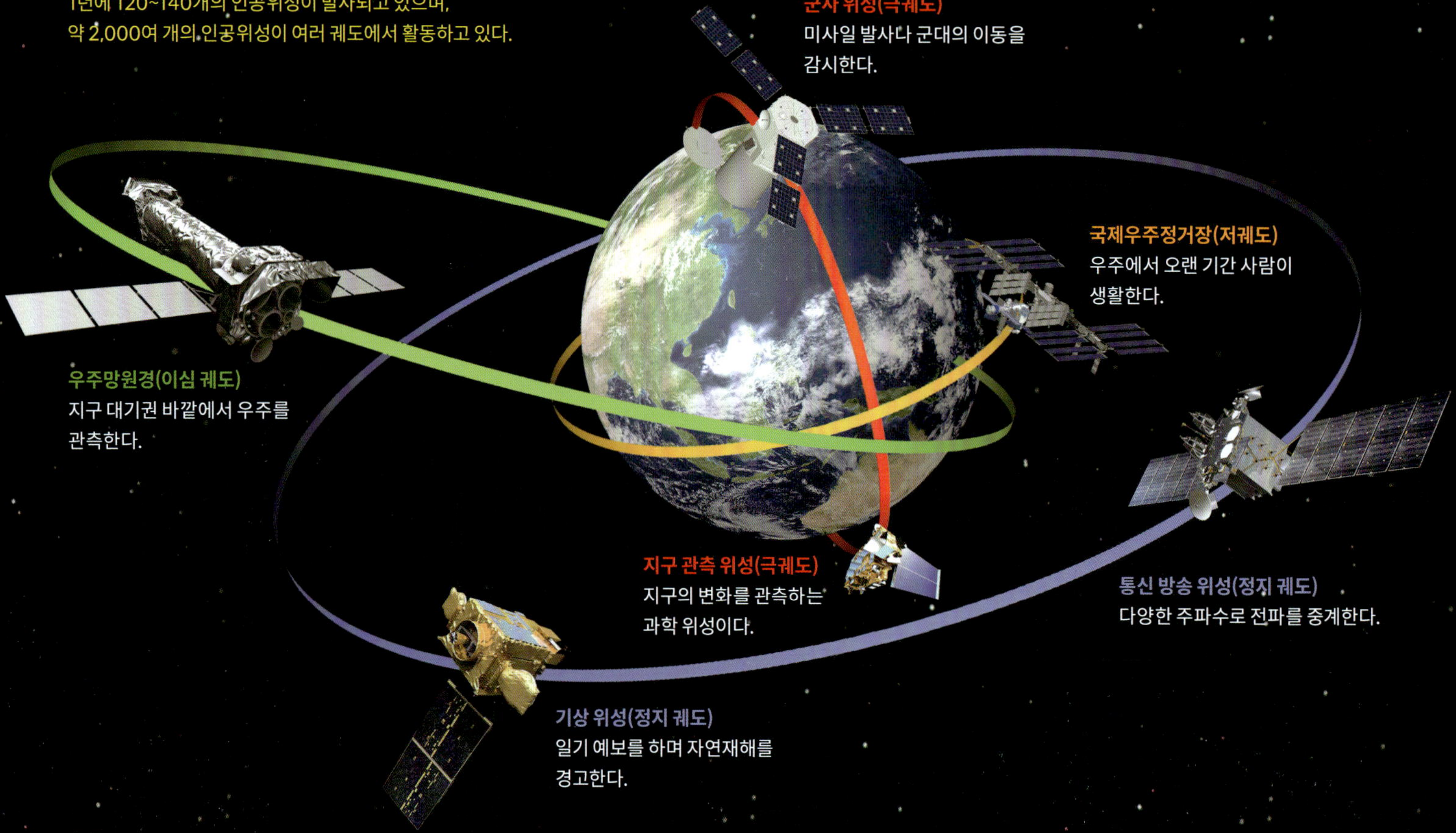

군사 위성(극궤도) 미사일 발사나 군대의 이동을 감시한다.

우주망원경(이심 궤도) 지구 대기권 바깥에서 우주를 관측한다.

국제우주정거장(저궤도) 우주에서 오랜 기간 사람이 생활한다.

지구 관측 위성(극궤도) 지구의 변화를 관측하는 과학 위성이다.

기상 위성(정지 궤도) 일기 예보를 하며 자연재해를 경고한다.

통신 방송 위성(정지 궤도) 다양한 주파수로 전파를 중계한다.

우주에서 꼼꼼하게 지구를 살핀다

인공위성은 여러 종류의 카메라를 이용해서 지구를 관측할 수 있다. 적외선이나 레이더를 이용하면 구름 등 날씨에 관계없이 지표면을 볼 수 있다. 우주에서 지구를 내려다보면 땅에서는 볼 수 없는 새로운 시각을 갖게 되어 더 좋은 지구를 가꾸는 데 큰 도움을 얻게 된다.

아리랑 3A호 한국항공우주연구원에서 개발한 지구 관측 위성이다. 2015년 3월에 발사되었으며 전자 광학 카메라와 적외선 센서를 갖추고 있다.

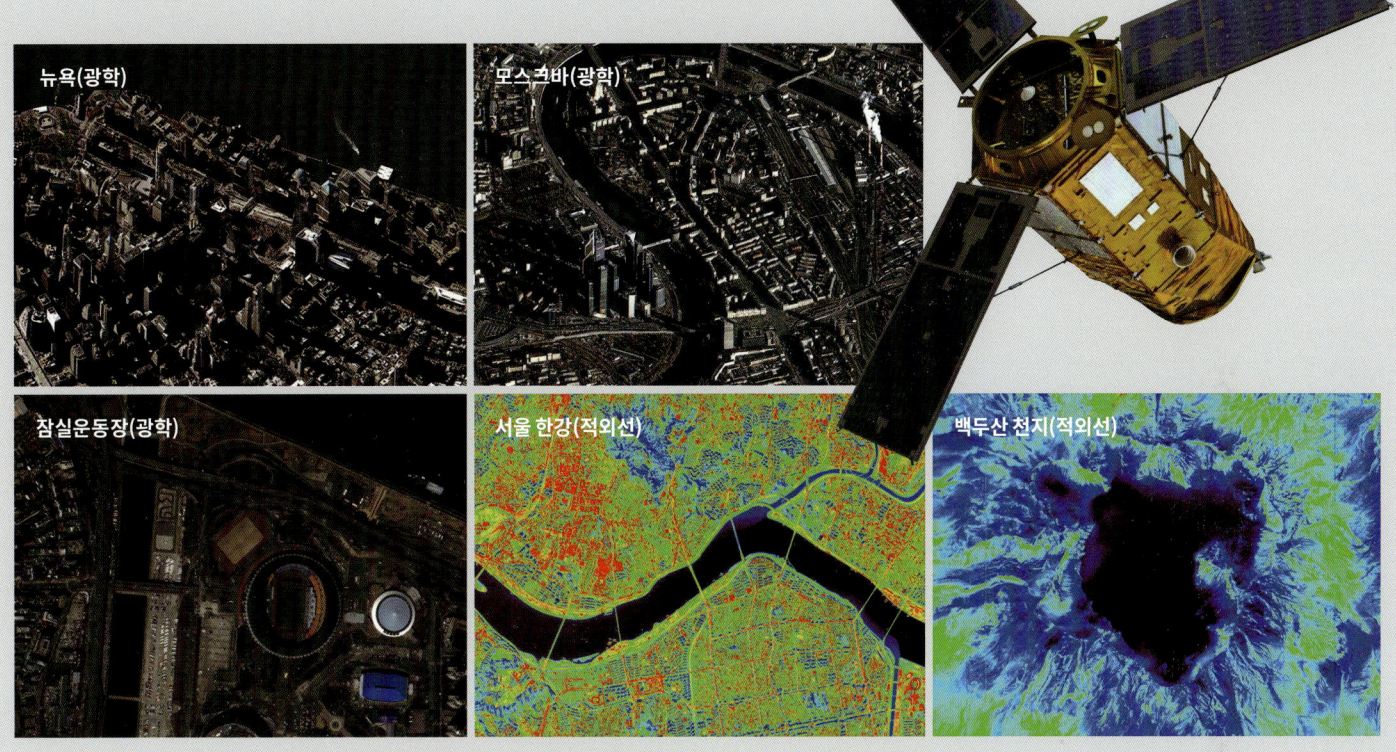

지구 어디서든 자기 위치를 알 수 있다

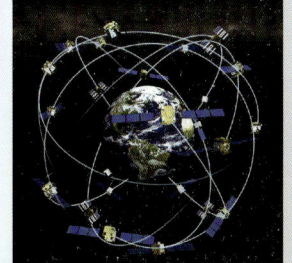

6개의 궤도에 각각 4개씩 모두 24개의 인공위성을 띄워, 지구 어디에서나 위치를 확인할 수 있다. 실제로는 예비 위성을 포함해서 약 30개의 위성이 있다.

GPS(범지구 위치 결정 시스템)는 세계 곳곳에서 일상적으로 쓰고 있는 인공위성 서비스다. 지구 둘레 6개의 궤도에 각각 4대씩 모두 24대의 인공위성을 띄워 여기에서 보내오는 신호를 받아 위치를 파악한다. 적어도 3대의 위성에서 신호를 받으면 자기 위치를 알 수 있고, 오차를 수정하는 4번째 위성의 신호를 더하면 더욱 정확한 위치를 알 수 있다. GPS는 군사용이나 전문 항해용으로 개발되었지만 현재는 자동차 내비게이션처럼 일상에서 널리 쓰이고 있다. GPS 위성에서 보내오는 신호에는 현재 시각을 알려 주는 정보도 함께 들어 있어 우리가 쓰는 스마트 기기들이 이 정보를 이용하여 현재 시각을 알려 준다.

3개의 인공위성으로부터 신호를 받아 계산한 결과에 4번째 인공위성에서 받은 시각을 더해 오차를 수정하면 더욱 정확하게 자기 위치를 알 수 있다.

우주를 보는 지구의 눈, 허블우주망원경

허블우주망원경은 지구 대기권 밖에서 지구 둘레를 돌며 우주를 관측하는 망원경이다. 지구 상공 610km 고도의 궤도에서 약 97분에 한 번씩 지구를 돌고 있다. 지구의 대기권은 방사선으로부터 지구의 생명체를 보호하고 숨 쉴 수 있는 공기를 담고 있는 소중한 보호막이지만 우주에서 오는 다양한 빛을 흡수하거나 산란시켜 천체 관측에는 방해가 되기도 한다. 지구의 대기권을 벗어나 우주에 망원경을 올려 보내면 더욱 선명하게 우주를 관측할 수 있다. 허블우주망원경은 지금까지 인간이 만든 어떤 망원경보다 더 멀리까지 우주를 내다본 망원경으로 우주과학의 발전을 상징하는 존재로 오래도록 기억될 것이다.

허블우주망원경은 모두 5차례에 걸쳐 우주왕복선을 이용한 정비를 받았으며 25년 넘게 임무를 수행하고 있다.

허블우주망원경은 무게 12.2톤, 주경의 지름 2.4m, 경통의 길이가 약 13m인 거대한 반사 망원경이다.

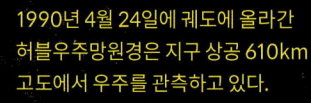

1990년 4월 24일에 궤도에 올라간 허블우주망원경은 지구 상공 610km 고도에서 우주를 관측하고 있다.

태양 전지판 작동에 필요한 전원을 공급한다.

구경 2.4m 주경 희미한 빛을 모으는 거울로 허블우주망원경의 핵심 장치다.

차광 덮개 태양의 직사광선이나 지구와 달에 반사된 밝은 태양 빛을 막아 망원경을 보호한다.

주경 뒤쪽에는 카메라와 분광기 등 관측 장비가 실려 있다.

구경 30cm 부경 주경에서 반사된 빛을 관측 기기로 보낸다.

통신 안테나 관측한 자료를 지상으로 송신하고 지상에서 보낸 명령을 수신한다.

허블우주망원경이 포착한 우주의 신비

먼 우주를 본다는 것은 오래된 과거의 우주를 보는 것과 같다. 허블우주망원경은 지금까지 어떤 망원경보다 먼 우주를 관측하여 우주 탄생의 비밀을 밝혀 나가는 데 큰 역할을 했다. 이 망원경이 보내온 아름다운 사진들을 보고 수많은 사람들이 우주에 대한 호기심을 느꼈다.

창조의 기둥 지구로부터 7,000광년 떨어져 있는 독수리성운의 일부분. 성간 가스와 먼지로 만들어진 거대한 기둥 내부에서 새로운 별이 탄생하고 있다.

허블 울트라 딥 필드 10년에 걸쳐 모두 600시간이 넘는 노출로 촬영한 이 한 장의 사진에 1만 개 이상의 은하와 130억 년 전 우주의 모습이 담겨 있다.

오리온대성운 겨울 밤하늘의 오리온자리에서 사냥꾼의 허리에 있는 칼의 끝부분을 허블우주망원경으로 들여다보면 아름답게 빛나는 거대한 성운이 보인다.

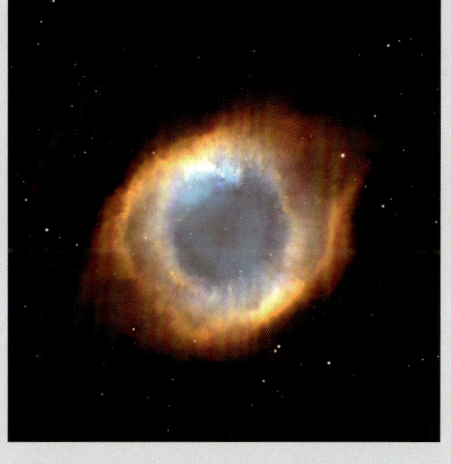

쌍가락지성운 지구로부터 약 650광년 떨어져 있는 쌍가락지성운은 태양과 비슷한 크기의 별에서 대기가 방출되어 생겨난 것으로 마치 커다란 눈동자를 닮았다.

게성운 태양보다 무거운 별이 초신성이라는 대폭발을 일으키며 생을 마감할 때, 우주로 흩뿌려진 별의 잔해를 허블우주망원경이 포착한 것이다.

측면나선은하 나선은하를 옆에서 본다면 허블우주망원경이 찍은 이 사진처럼 성간 물질이 밝은 은하 중심을 가려 검은 띠처럼 보인다.

부자은하 M51 마치 아빠가 아들 손을 잡고 있는 것처럼 나선은하의 한쪽 팔 끝이 노란색 작은 은하인 NGC 5195와 이어져 있다.

소유스 유인 우주선

러시아를 대표하는 소유스 유인 우주선은 1967년에 처음 유인 비행을 시작한 뒤로 끊임없이 발전해 왔고 현재 안정적으로 운영되는 유일한 유인 우주선이다. 소유스 우주선은 3명의 우주인을 태우고 3.2일 동안 생명 유지 장치를 가동할 수 있다. 소유스 우주선은 크게 궤도선, 귀환선, 기계선의 세 부분으로 이루어져 있으며 지구로 돌아올 때는 나머지 부분을 버리고 귀환선만 지구 대기권을 통과한 뒤 낙하산을 펼쳐 착륙한다. 소유스 우주선의 최신형은 2010년에 등장한 TMA-M으로 디지털 제어를 보강한 것이 특징이다.

3단 로켓
1단 로켓
1단 로켓
2단 로켓
1단 로켓
1단 로켓

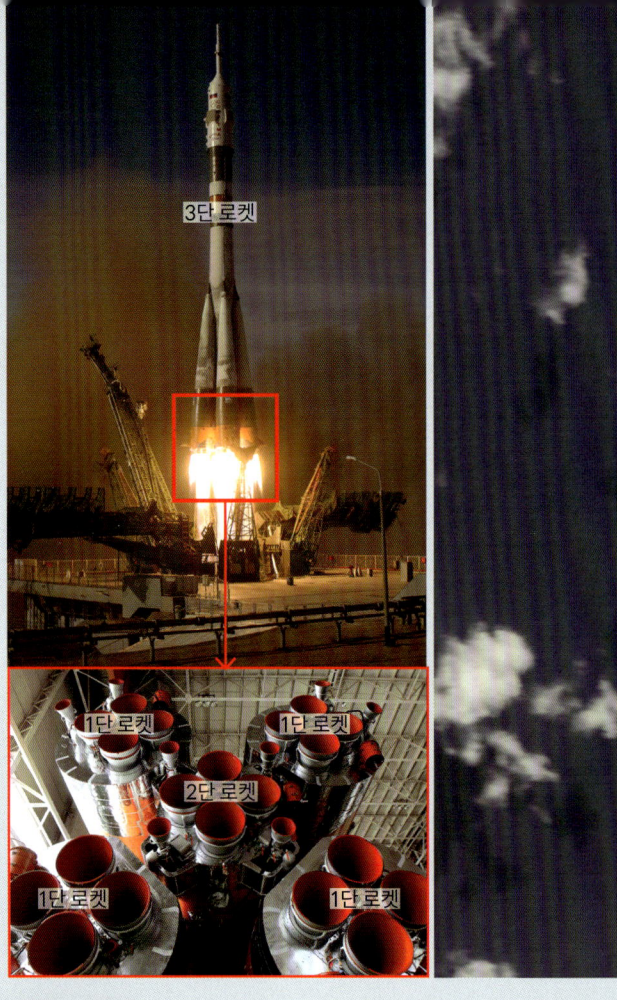

소유스 우주선은 R-7 로켓을 개량한 독특한 방식의 3단 로켓인 소유스 로켓으로 발사한다.

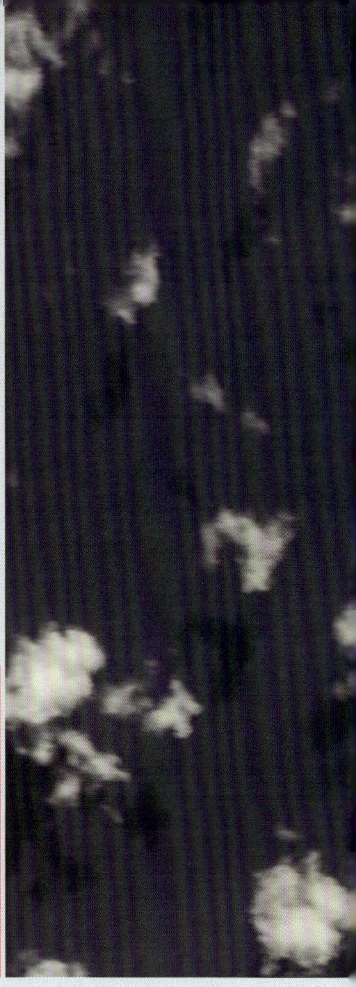

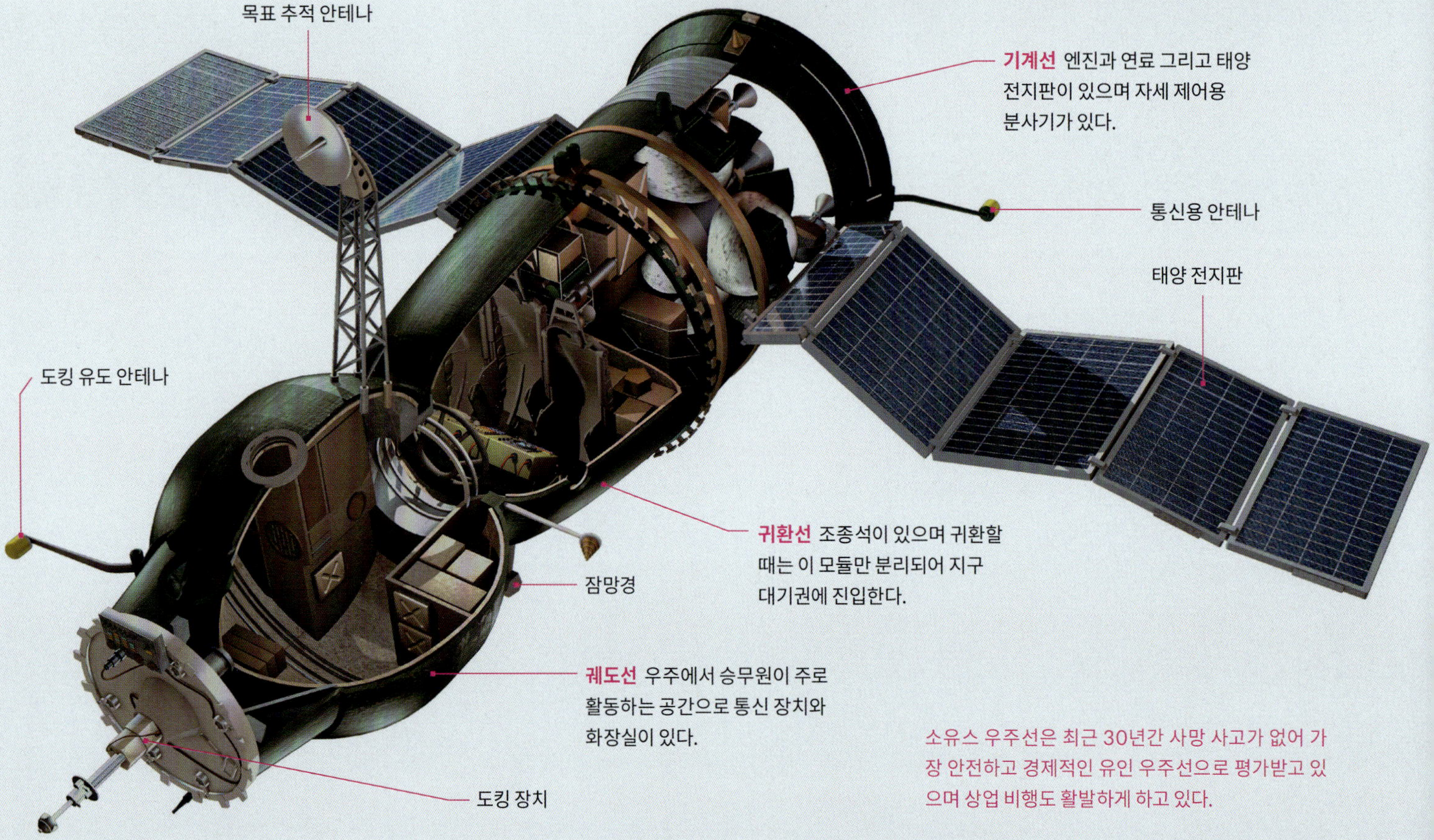
목표 추적 안테나
기계선 엔진과 연료 그리고 태양 전지판이 있으며 자세 제어용 분사기가 있다.
통신용 안테나
태양 전지판
도킹 유도 안테나
귀환선 조종석이 있으며 귀환할 때는 이 모듈만 분리되어 지구 대기권에 진입한다.
잠망경
궤도선 우주에서 승무원이 주로 활동하는 공간으로 통신 장치와 화장실이 있다.
도킹 장치

소유스 우주선은 최근 30년간 사망 사고가 없어 가장 안전하고 경제적인 유인 우주선으로 평가받고 있으며 상업 비행도 활발하게 하고 있다.

소유스 우주선은 2003년부터 국제우주정거장을 오가는 임무를 시작했다. 2011년 우주왕복선이 은퇴한 뒤로는 국제우주정거장까지 우주인을 보낼 수 있는 유일한 유인 우주선이다.

국제우주정거장과 도킹하기 위해 다가오는 소유스 우주선

소유스 우주선에서는 인형이 떠오르는 것을 보고 무중력 상태에 들어선 것을 확인하는 전통이 있다.

프로그레스 무인 우주선 소유스 우주선을 개조한 화물선이다. 소유스 우주선의 궤도선과 귀환선 공간에 짐을 실어 국제우주정거장에 보급하는 임무를 맡고 있다.

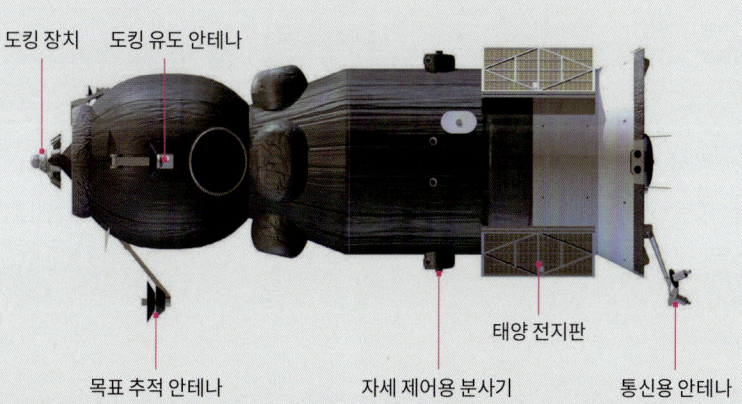

- 도킹 장치
- 도킹 유도 안테나
- 목표 추적 안테나
- 자세 제어용 분사기
- 태양 전지판
- 통신용 안테나

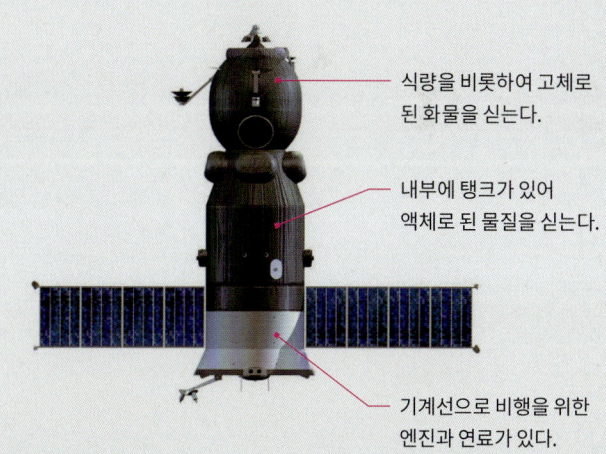

- 식량을 비롯하여 고체로 된 화물을 싣는다.
- 내부에 탱크가 있어 액체로 된 물질을 싣는다.
- 기계선으로 비행을 위한 엔진과 연료가 있다.

낙하산을 펼쳐 속도를 줄인 다음 착륙 2초 전에 역추진 로켓을 분사하여 충격을 줄인다.

귀환선 표면에는 대기권 재진입 때 발생하는 마찰열을 흡수하는 물질이 코팅되어 있다.

지구와 우주를 오가는 우주왕복선

우주왕복선은 이름처럼 지구와 우주를 여러 차례 오가는 것을 목표로 개발되었다. 최대 7명의 승무원을 태울 수 있으며, 인공위성이나 우주망원경 같은 큰 화물도 실을 수 있다. 우주왕복선은 지구 궤도를 돌며 임무를 수행하다가 지구 대기권으로 재진입하여 비행기처럼 활주로에 착륙한다. 다른 우주선들이 1회용이었던 반면 우주왕복선은 정비를 마치고 다시 사용할 수 있었다. 우주왕복선은 우주 탐사에서 큰 역할을 했지만 비용이 많이 들고 두 차례의 폭발 사고를 겪으면서 2011년을 끝으로 사용이 중단되었다.

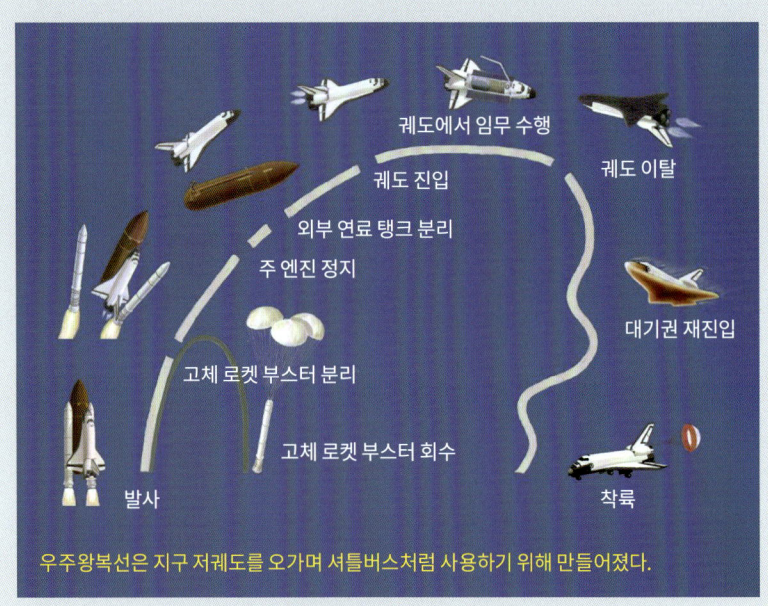

우주왕복선은 지구 저궤도를 오가며 셔틀버스처럼 사용하기 위해 만들어졌다.

우주왕복선은 5~7명의 우주인과 22,700kg의 화물을 지구 저궤도로 수송할 수 있다.

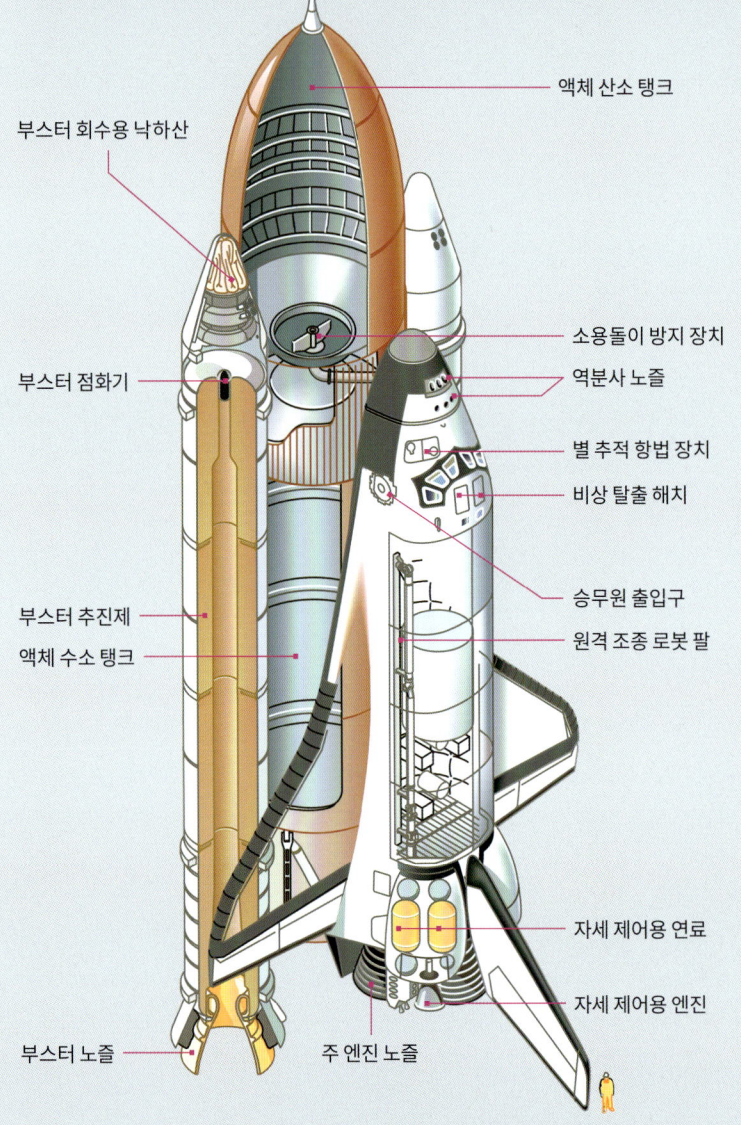

화물을 실은 공간에서 화물을 꺼낼 때 쓰는 로봇 팔이 달려 있다.

우주왕복선의 조종석은 비행기 조종석과 비슷하다.

우주왕복선이 허블우주망원경을 궤도에 올려놓고 있다.

우주왕복선은 국제우주정거장 건설 과정에 큰 역할을 했다.

아랫면에 내열 타일이 붙어 있어 대기권 재진입 때 발생하는 마찰열을 견딘다.

활공 비행으로 속도를 줄인 다음 활주로에 착륙한다.

우리 힘으로 로켓을 쏘다!

로켓을 발사하여 인공위성을 궤도에 올려놓기 위해서는 매우 높은 수준의 과학과 기술이 필요하다. 폭발 위험이 높은 연료를 섬세하게 다루어야 하고, 정밀하게 궤도를 계산해야 하며, 극한의 우주에서 정상적으로 작동할 수 있는 장비를 만들어야 한다. 세계적으로 자체 제작한 로켓으로 인공위성을 발사할 수 있는 나라는 10개 나라 안팎이며 미국, 러시아, 유럽 정도가 상업 비행을 할 수 있다. 우리나라는 우주 탐사에 뒤늦게 뛰어들었고 많은 예산을 쓸 수 없는 불리한 상황에서도 포기하지 않고 도전하여 2013년 1월 30일에 나로 호 로켓을 발사하여 나로과학위성을 궤도에 올려놓는 데 성공했다.

나로과학위성은 14개월 동안 태양 폭풍 관측과 레이저 통신 임무를 성공적으로 수행했다.

나로 호 발사 과정 나로 호는 1단 액체 로켓, 2단 고체 로켓을 이용하여 나로과학위성을 궤도에 올려놓았다.

1. 이륙
2. 음속 돌파(mach1)
3. 페어링 분리
4. 1단 엔진 정지 명령
5. 역추진 로켓 분리
6. 1단 분리
7. 2단 점화
8. 2단 연소 종료 및 목표 궤도 진입
9. 위성 분리

페어링 낙하 1단 낙하

나로 호는 러시아와 공동 개발한 2단 로켓이다. 2번의 실패 끝에 3차 발사에 성공하여 우리나라의 수준 높은 기술력을 증명했다.

우주에서 미래를 찾는다

우주 탐사는 우주과학을 중심으로 물리, 화학, 생물, 지구과학, 기계, 전자, 통신, 컴퓨터 등 여러 분야에서 최첨단 수준에 이르러야 가능하다. 우주 탐사 과정에서 얻어진 성과들은 일반 산업 발전이나 국민 생활에도 큰 도움을 준다. 우리나라는 우주 탐사 경쟁에 후발 주자로 뛰어들었지만 목표를 높게 잡고 집중적인 투자를 하여 빠른 시간 안에 성과를 내고 있다. 인공위성 제작과 운영에서는 이미 세계 수준에 올라섰고, 나로호 발사 성공을 발판 삼아 한국형 발사체인 3단 액체 로켓을 개발하고 있다. 태극기를 단 우주선들이 달과 화성을 탐사하는 날이 머지않아 현실로 다가올 것이다.

대한민국 발사체 2020년까지 한국형 3단 로켓을 순수 우리 기술로 개발할 계획이다.

구분	KSR-I	KSR-II	KSR-III	KSLV-I(나로 호)	KSLV-II
로켓단/연료	1단/고체	2단/고체	1단/액체	2단/액체(1단)+고체(2단)	3단/액체
비행 거리(km)	101	124	79.5	2,750(1단)	개발 중
추력(톤)	8.8	30.4	13	170(1단)+7(2단)	300(1단)+75(2단)+7(3단)
발사 연도(년)	1993	1998	2002	2013	2020(예정)

한국항공우주연구원은 세계 수준의 위성 관제 능력을 갖추고 있다.

대한민국 우주 탐사 계획 우리나라는 한국항공우주연구원을 중심으로 2020년 달 탐사, 2030년 화성 탐사, 2035년 소행성 탐사라는 높은 목표를 향해 도전하고 있다.

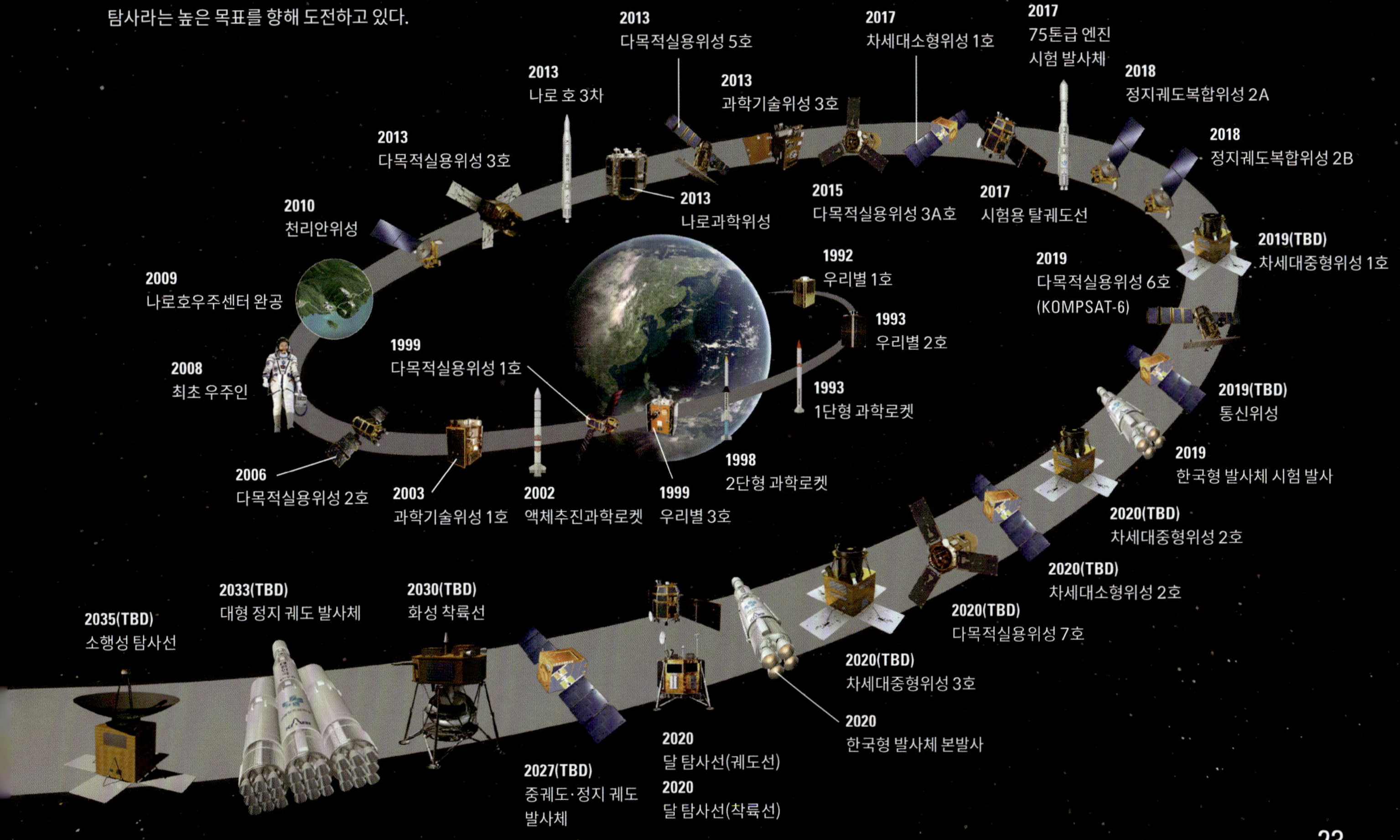

- 2035(TBD) 소행성 탐사선
- 2033(TBD) 대형 정지 궤도 발사체
- 2030(TBD) 화성 착륙선
- 2027(TBD) 중궤도·정지 궤도 발사체
- 2020 달 탐사선(궤도선)
- 2020 달 탐사선(착륙선)
- 2020 한국형 발사체 본발사
- 2020(TBD) 차세대중형위성 3호
- 2020(TBD) 다목적실용위성 7호
- 2020(TBD) 차세대소형위성 2호
- 2020(TBD) 차세대중형위성 2호
- 2019 한국형 발사체 시험 발사
- 2019(TBD) 통신위성
- 2019(TBD) 차세대중형위성 1호
- 2019 다목적실용위성 6호 (KOMPSAT-6)
- 2018 정지궤도복합위성 2B
- 2018 정지궤도복합위성 2A
- 2017 75톤급 엔진 시험 발사체
- 2017 시험용 달궤도선
- 2017 차세대소형위성 1호
- 2015 다목적실용위성 3A호
- 2013 다목적실용위성 5호
- 2013 과학기술위성 3호
- 2013 나로과학위성
- 2013 나로 호 3차
- 2013 다목적실용위성 3호
- 2010 천리안위성
- 2009 나로호우주센터 완공
- 2008 최초 우주인
- 2006 다목적실용위성 2호
- 2003 과학기술위성 1호
- 2002 액체추진과학로켓
- 1999 다목적실용위성 1호
- 1999 우리별 3호
- 1998 2단형 과학로켓
- 1993 1단형 과학로켓
- 1993 우리별 2호
- 1992 우리별 1호

 국제우주정거장(International Space Station, ISS)은 지금까지 인간이 우주 공간에 만든 가장 거대한 인공 구조물이다. 미국, 러시아, 유럽 등이 각각 추진하던 우주정거장 계획을 하나로 모아, 세계 16개국의 협력으로 국제우주정거장이 탄생했다. 국제우주정거장의 우주인들은 매일 지구 저궤도를 15.7바퀴씩 돌며 지구와 우주의 변화를 관측하고, 무중력 상태에서 오랜 기간 거주하면서 여러 가지 실험을 진행하고 있다.

02
국제우주정거장
International Space Station

연구를 할 수 있는 국제우주정거장은 지구인의 활동 공간을 우주까지 확장하는 소중한 거점이다.

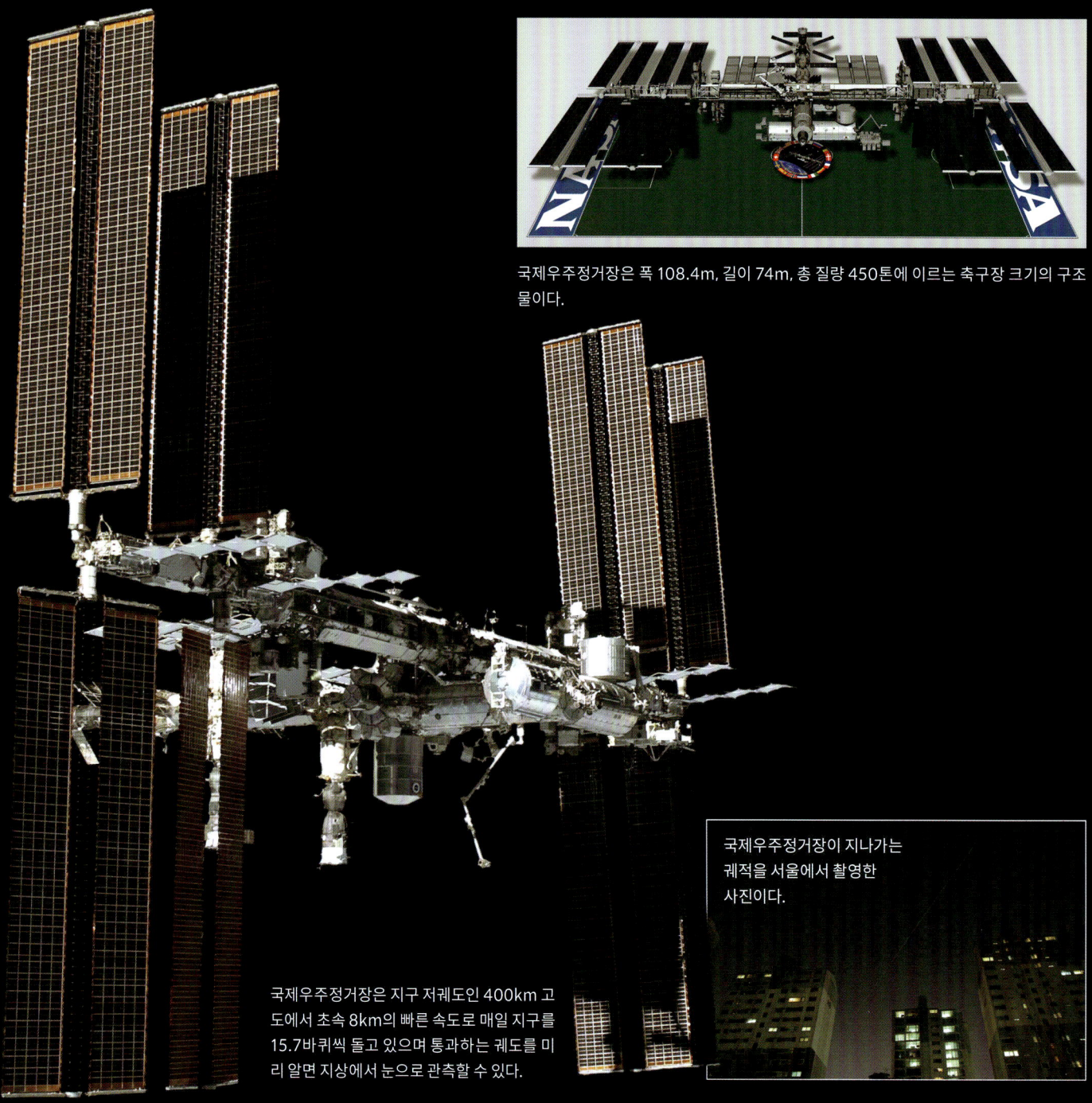

국제우주정거장은 폭 108.4m, 길이 74m, 총 질량 450톤에 이르는 축구장 크기의 구조물이다.

국제우주정거장은 지구 저궤도인 400km 고도에서 초속 8km의 빠른 속도로 매일 지구를 15.7바퀴씩 돌고 있으며 통과하는 궤도를 미리 알면 지상에서 눈으로 관측할 수 있다.

국제우주정거장이 지나가는 궤적을 서울에서 촬영한 사진이다.

세계 16개 나라가 힘을 합치다

국제우주정거장은 1998년 러시아의 자랴 모듈이 발사되면서 건설되기 시작했다. 미국, 러시아, 일본, 캐나다, 브라질, 유럽 등 모두 16개국이 참여해 레고 블록을 조립하듯 모듈과 모듈을 연결해 만들었다. 미국의 우주왕복선, 러시아의 프로톤 로켓과 유럽의 아리안 로켓 등이 지상에서 만든 모듈을 우주로 실어 나르고, 이를 하나씩 연결해 축구장 크기의 거대한 우주정거장이 탄생한 것이다.

미국(사진)과 러시아는 각각 국제우주정거장 관제 센터를 운영하고 있다.

국제우주정거장의 건설 과정

❶ 1999년

❷ 2000년

❸ 2002년

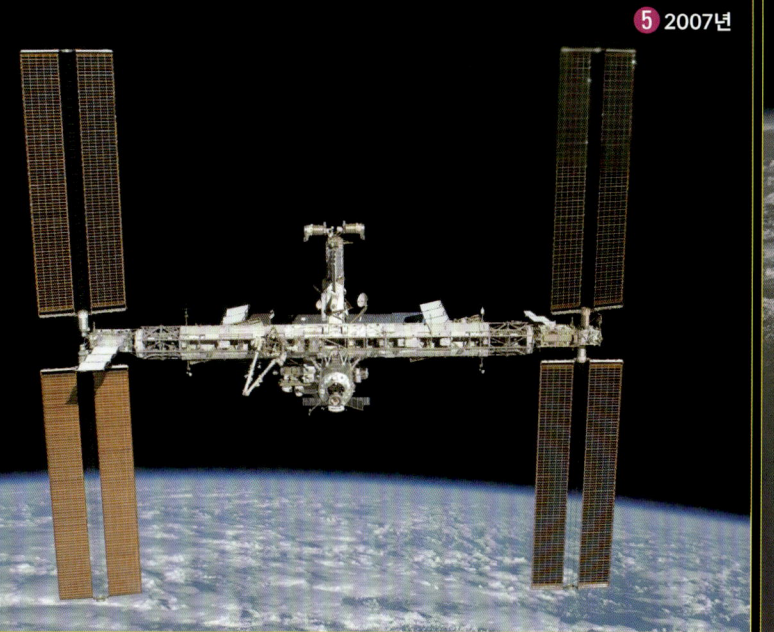
❺ 2007년

❻ 2011년

국제우주정거장의 구조

국제우주정거장은 크게 러시아 구역(ROS)과 미국 구역(USOS)으로 나뉜다. 러시아 구역은 국제우주정거장 전체에 대한 유도, 항법, 통제, 추진 기관, 생명 유지 장치를 담당한다. 미국 구역은 미국과 일본 그리고 유럽의 실험실 모듈을 담당하며 태양 전지판과 산소 발생기를 담당한다. 일반적인 모듈들은 양쪽 끝부분이 다른 모듈과 연결되고, 노드라고 불리는 3개의 연결 모듈들은 각각 다른 모듈이나 우주선을 6개까지 연결할 수 있다.

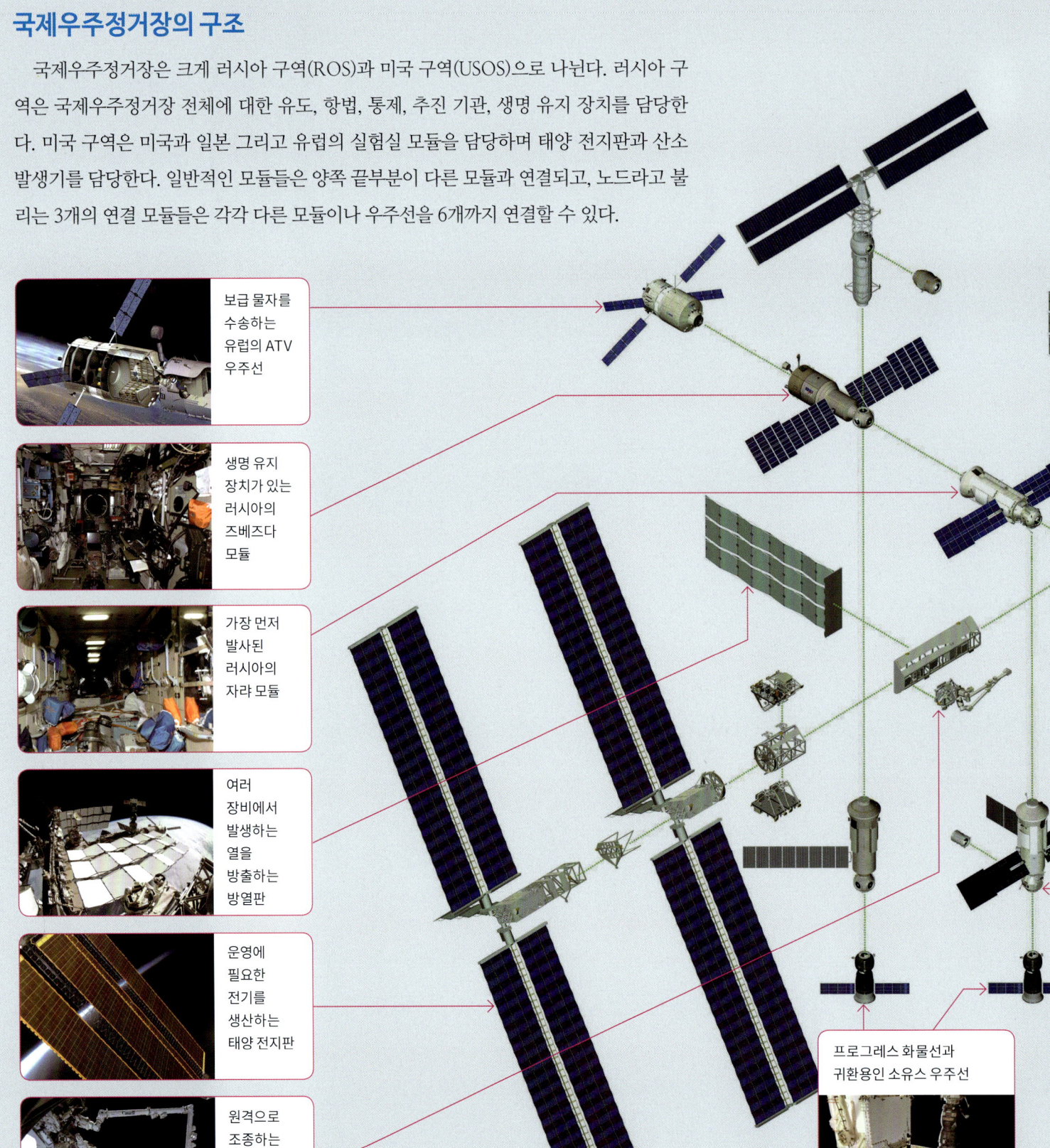

- 보급 물자를 수송하는 유럽의 ATV 우주선
- 생명 유지 장치가 있는 러시아의 즈베즈다 모듈
- 가장 먼저 발사된 러시아의 자랴 모듈
- 여러 장비에서 발생하는 열을 방출하는 방열판
- 운영에 필요한 전기를 생산하는 태양 전지판
- 원격으로 조종하는 로봇 팔인 캐나다암
- 프로그레스 화물선과 귀환용인 소유스 우주선

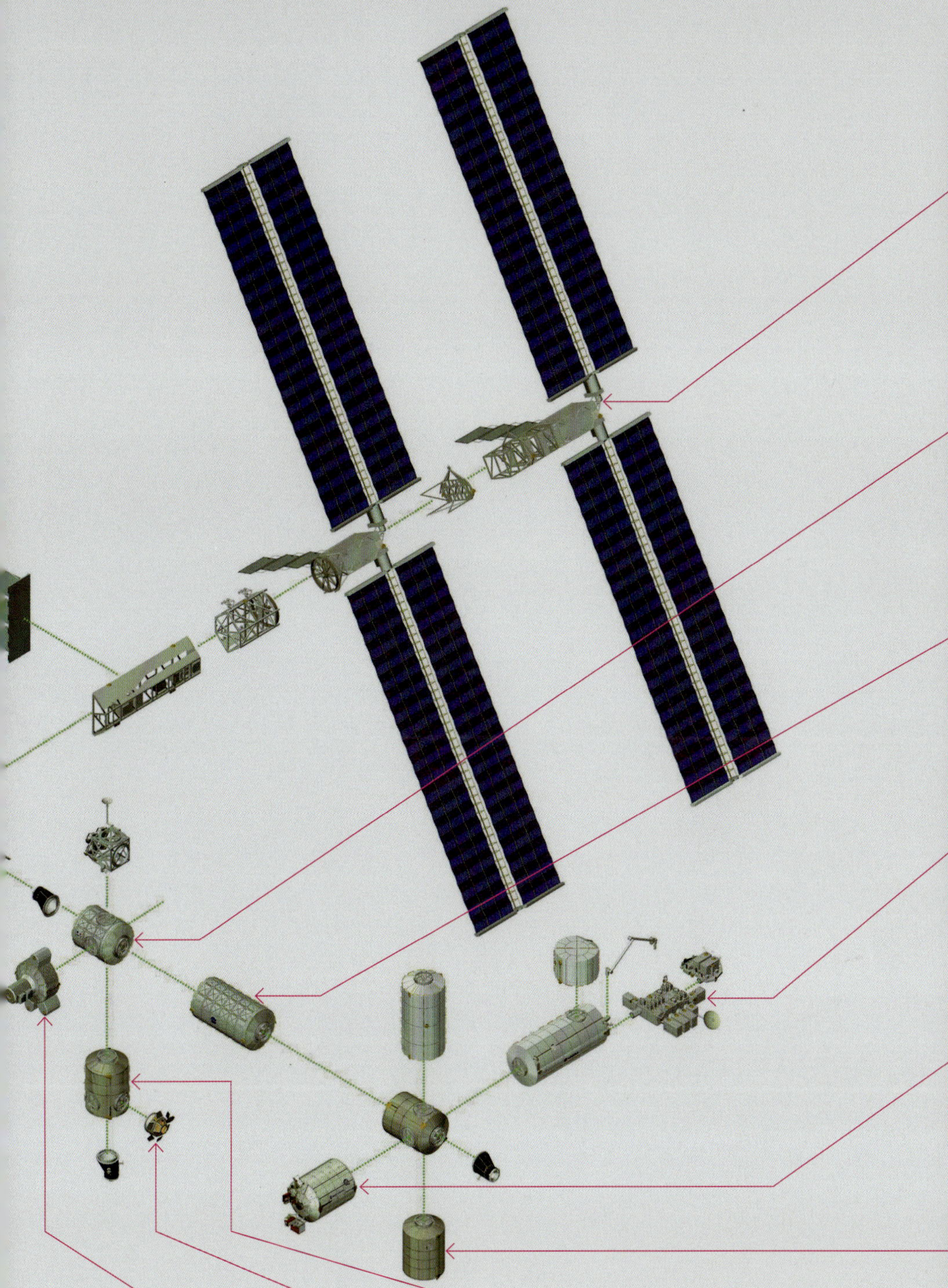

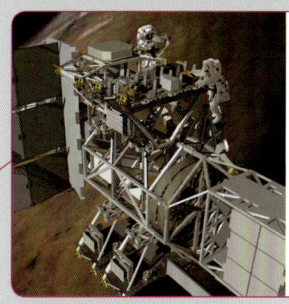

국제 우주정거장의 뼈대 역할을 하는 트러스 구조물

모듈들을 연결하는 1번 노드인 미국의 유니티 모듈

무중력 상태를 연구하는 미국의 데스티니 모듈

선외 실험 장치를 갖춘 일본의 키보 모듈

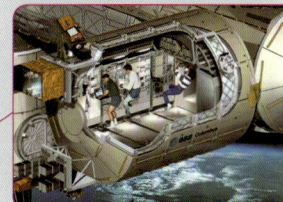

유체과학과 생물학 실험을 하는 유럽의 콜럼버스 모듈

저장 공간 역할을 하는 유럽의 레오나르도 모듈

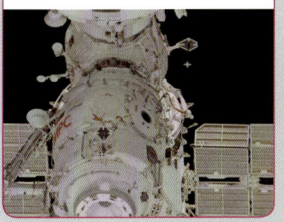

우주선이 도킹할 수 있는 피어스 모듈

선외 활동복을 입고 외부로 나갈 수 있는 퀘스트 모듈

지구를 눈으로 직접 관측할 수 있는 창인 큐폴라

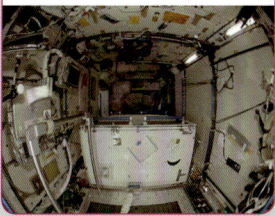

산소 발생기와 화장실이 있는 트랜퀼리티 모듈

29

우주에서 바라본 지구

국제우주정거장은 우주에서 사람의 눈으로 직접 지구를 볼 수 있는 유일한 곳이다. 우주에서 보는 지구는 바다와 하늘의 색으로 물들어 푸르게 빛나는 생명의 행성이며, 넓고 넓은 우주에서 유일하게 인간에게 허락된 소중한 공간이다.

지구 저궤도에 있는 국제우주정거장은 지구를 한눈에 내려다보는 동시에 우주를 내다볼 수 있는 곳이다.

육각형을 이루고 있는 관측 창을 통해 지구의 변화를 관측한다.

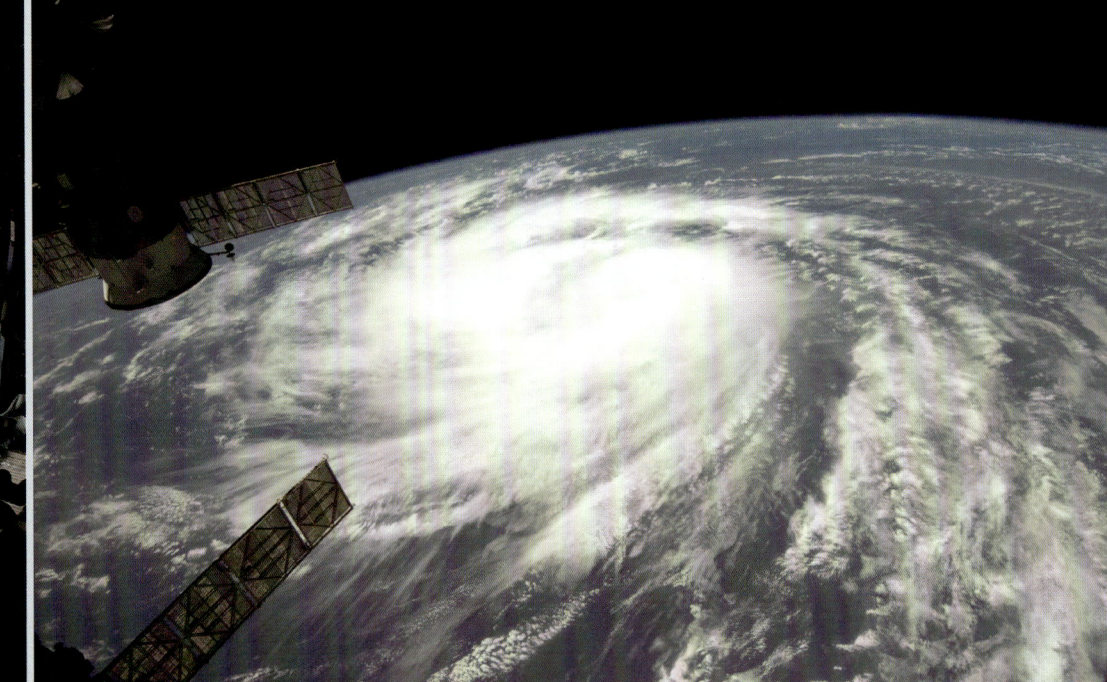

허리케인의 거대한 움직임을 한 장의 사진에 담았다.

인간이 만들어 낸 도시의 불빛들이 지구의 밤을 밝히고 있다. 사진은 미국 동부 지역이다.

오로라는 태양에서 날아온 입자들이 지구 대기의 분자들과 반응해 빛을 내는 현상이다.

지구에서 가장 높은 곳에 있는 실험실

국제우주정거장은 거대한 실험실이다. 특히 지구 어느 곳에서도 할 수 없는, 무중력 상태에서의 실험을 할 수 있는 특별한 연구소다. 국제우주정거장의 우주인들은 지구에 있는 과학자들과 협력하여 여러 가지 실험을 해 왔고, 최근에는 무중력 상태가 생명체에 미치는 영향들을 연구하고 있다.

국제우주정거장에는 동물들도 방문한다. 인공적으로 중력을 흉내 내는 장치에서 쥐를 키우며 실험하는 장치다.

지구(왼쪽)에서는 중력의 영향으로 대류가 일어나 불꽃이 길쭉하고 붉은색이지만, 우주(오른쪽)에서는 완전 연소가 이루어져 불꽃이 파란색이다.

우주에서는 중력의 간섭 없이 표면 장력만 작용하여 커다란 구 모양의 물방울을 허공에 띄울 수 있다.

보급 물자를 싣고 오는 프로그레스 무인 우주선을 원격으로 조종하여 도킹을 하고 있다.

임무를 마친 프로그레스 무인 우주선은 쓰레기를 싣고서 대기권에 부딪혀 파괴된다.

국제우주정거장에서는 자원을 아껴 쓰는 것이 중요하다. 물을 재활용하는 장치를 점검하고 있다.

무중력 상태에서 식물의 성장을 연구하고 있다.

국제우주정거장에서 키운 상추를 시식하고 있다.

우주인 자신의 신체 변화도 실험의 대상이 된다.

지구와 우주에서 쌍둥이의 신체 변화를 비교하고 있다.

작업용 로봇이 우주에서 정상 작동하는지 실험 중이다.

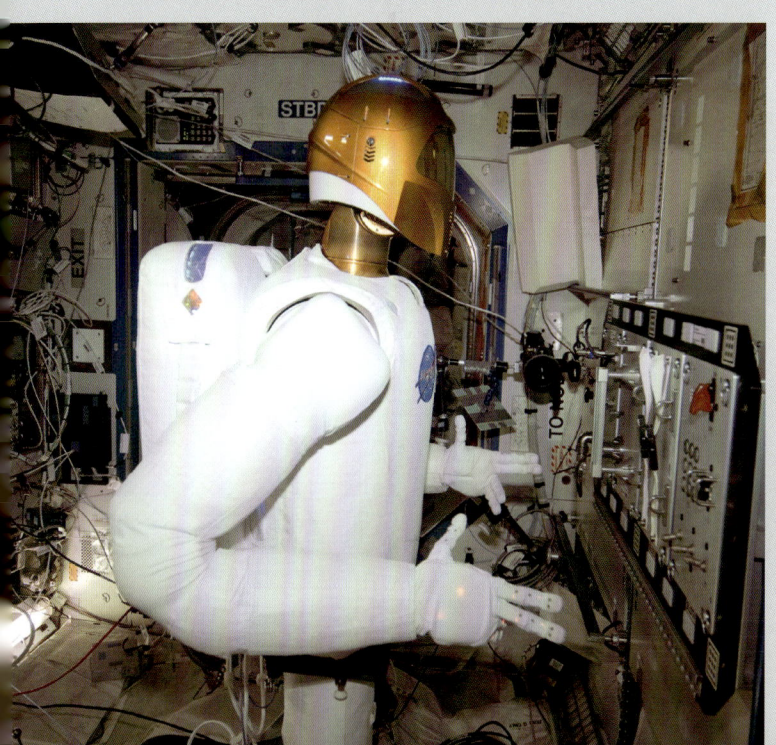

데이터를 전송받아 3D 프린터로 공구를 출력했다.

지상에 있는 국제우주정거장

미국과 러시아에는 국제우주정거장의 주요 모듈들이 지상에 있다. 국제우주정거장으로 떠날 우주인들이 미리 연습을 할 수 있도록 실제 모듈과 똑같은 구조로 지은 시설이다. 우주인들은 이곳에서 국제우주정거장의 구조를 미리 익히고 우주에서 생존하기 위해 배워야 할 여러 가지 기술들을 철저하게 연습한다.

미국에 있는 훈련 시설로 실제 국제우주정거장의 모듈과 똑같은 크기와 구조로 만들어져 있다.

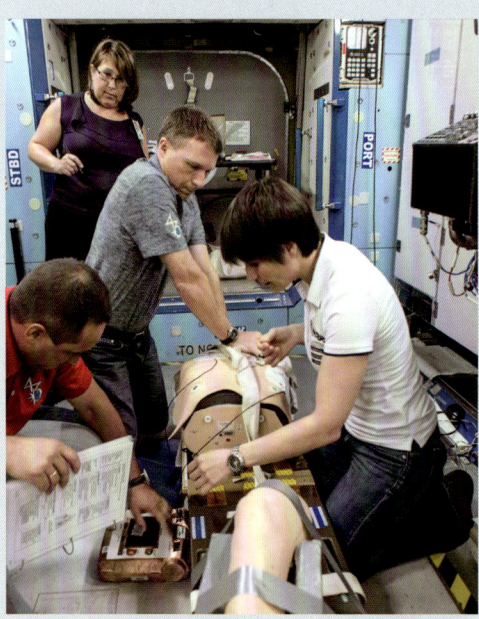

국제우주정거장의 우주인들은 모든 문제를 직접 해결해야 한다. 심폐 소생술 훈련을 받고 있다.

선외 활동복은 여러 개의 부품을 결합해서 착용하기 때문에 익숙해질 때까지 연습이 필요하다.

물속에서 무중력을 연습한다

미국에는 거대한 수영장 속에 국제우주정거장이 있다. 바로 무중력 상태를 미리 연습하기 위한 시설이다. 물에 뜨는 힘인 부력은 중력의 반대 방향으로 작용하는데, 이 부력을 이용하여 무중력을 흉내 내는 것이다. 우주인들은 우주 유영을 할 때 입는 선외 활동복을 입고 무중력 상태에서 일하는 방법을 연습한다.

우주인들이 잠수부들의 도움을 받아 국제우주정거장과 똑같이 만든 구조물에서 훈련을 하고 있다.

1인용 우주선이라 불리는 선외 활동복을 입고 부력을 이용해 무중력 상태에 적응하는 훈련을 한다.

문제가 생기면 우주인이 직접 나가 수리해야 하기 때문에 지구에서 미리 하는 연습이 큰 도움이 된다.

1인용 우주선, 선외 활동용 우주복

국제우주정거장 내부는 일정한 압력을 유지하면서 산소를 공급하고 이산화탄소를 제거하기 때문에 일상복 차림으로 생활할 수 있다. 하지만 진공 상태인 우주로 나가기 위해서는 1인용 우주선이라고 불리는 선외 활동용 우주복이 필요하다. 이것은 14겹의 특수 섬유를 이용하여 만들어진 것으로, 외부와 완전히 차단된 상태에서 일정한 압력을 유지하며 호흡에 필요한 산소를 공급하고 온도를 쾌적하게 조절한다. 선외 활동용 우주복은 인체에 해로운 우주 방사선을 차단하여 우주인의 생명을 보호하는 중요한 역할도 한다.

헬멧은 호흡과 통신 기능을 제공하며 태양광에서 시력을 보호한다.

미국의 선외 활동용 우주복(EMU)은 옷이라기보다는 몸에 착용하는 복잡한 장비의 집합체다. 모든 장비를 갖췄을 때 무게는 145kg이다.

단단한 재질의 가슴 부분은 우주복 전체를 결합하는 기초가 된다.

가슴에는 통신 장비와 생명 유지 장치를 조작할 수 있는 스위치가 있다.

14겹의 특수 섬유로 만들어진 외피는 압력을 유지하고 방사선을 차단한다.

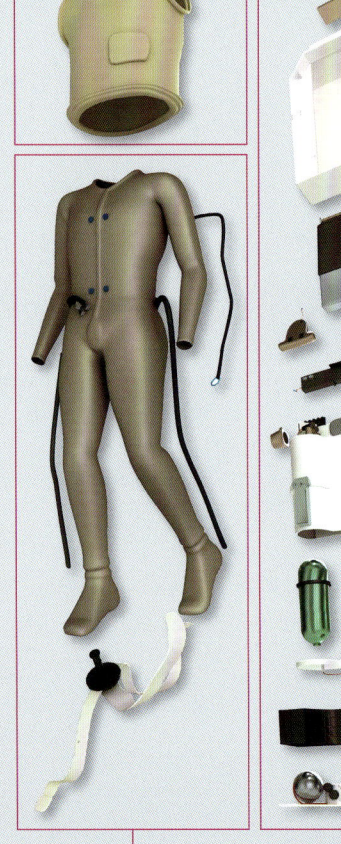

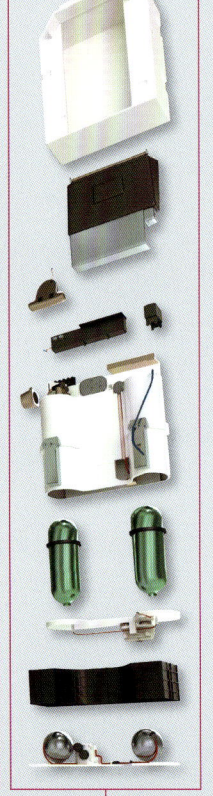

몸에 압력을 가해 주는 내복에는 물을 이용한 냉각 장치가 있다.

생명 유지 장치는 물과 산소를 공급한다.

선외 활동용 우주복의 생명 유지 장치는 8시간 동안 산소를 공급한다.

팔을 움직이기 쉽도록 관절 부분에 베어링 장치가 있다.

장갑 내부에 보온용 히터가 있고 손목에는 주변을 살필 수 있는 거울이 있다.

크게 위와 아래로 나누어져 있고 다른 사람의 도움을 받아 입을 수 있다.

우주 공간은 강력한 방사선이 쏟아지는 위험한 곳이다. 방사선을 막아 주는 선외 활동용 우주복을 입은 우주인들이 구조물을 점검하고 있다.

빠른 속도로 날아드는 운석이나 우주 쓰레기가 국제우주정거장을 위협한다. 우주인이 로봇 팔을 타고, 운석에 맞아 손상된 태양 전지판을 살피고 있다.

국제우주정거장의 일상

국제우주정거장의 우주인들은 분 단위로 짜인 시간표를 따라 여러 가지 임무를 수행하며 바쁜 일과를 보내야 하지만 우주에서 생활한다는 것은 아무나 경험할 수 없는 특별한 시간이다. 우주에서 장기 거주하는 국제우주정거장의 일상들이 쌓여 우주 탐사의 새로운 역사를 만들고 있다.

언젠가 인류가 지구를 떠나 먼 우주로 가게 된다면, 여러 나라가 힘을 합쳐 국제우주정거장을 만들고 어려움을 극복한 소중한 경험이 중요한 출발점으로 기억될 것이다.

밀폐된 공간에서 생활하다 보면 스트레스가 쌓인다. 그런 우주인에게 음악은 언제나 좋은 친구다.

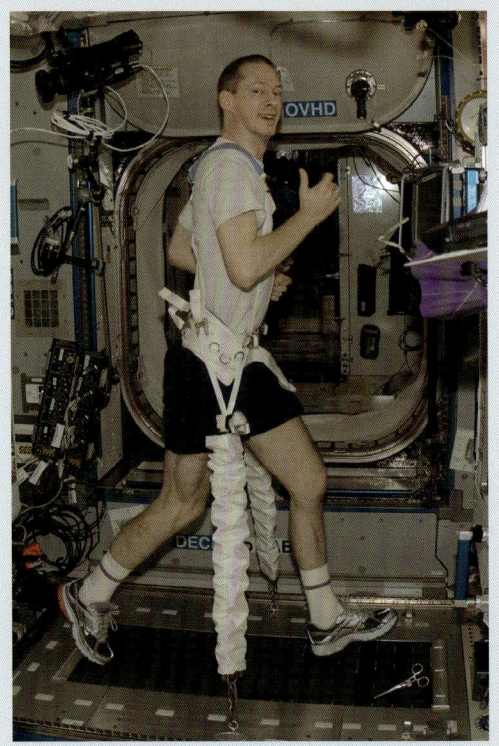

무중력 상태에서는 뼈와 근육이 약해지기 때문에 의무적으로 운동을 해야 한다.

국제우주정거장의 하루는 실험, 관측, 정비 등의 업무로 바쁘게 지나간다. 우주에서 지구를 내려다보는 특별한 경험은 우주인의 피로를 씻어 주는 선물과도 같다.

우주 식량은 맛이 없기로 유명하지만 동료들과 함께하는 식사 시간은 늘 즐겁다.

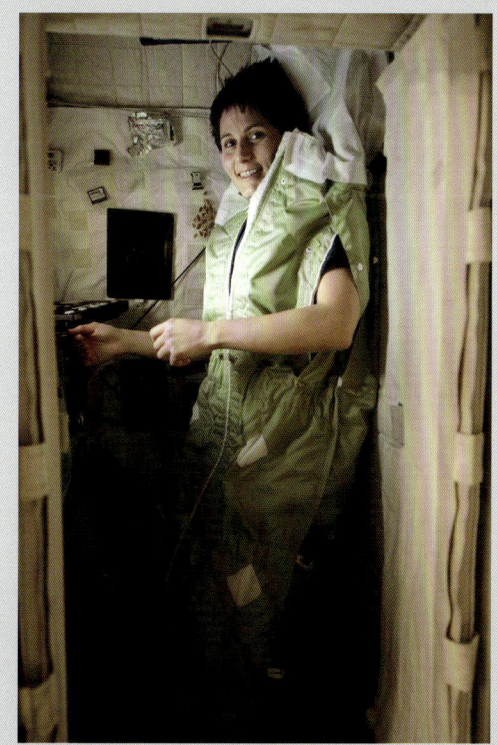

중력이 없는 국제우주정거장에서는 벽에 몸을 고정시키고 잠을 청한다.

지구의 위성인 달은 지구와 가장 가까운 천체로, 인간이 직접 착륙하여 탐사한 유일한 천체다. 미국의 아폴로 계획은 달 표면에 사람을 착륙시켰다가 지구까지 귀환시키는 어려운 과제에 성공하여 우주 탐사 역사에서 오래도록 기억될 것이다. 최근 세계 여러 나라들은 달에서 희귀한 자원을 찾는 경쟁을 벌이고 있다. 우리나라도 2020년에 달 궤도 진입과 달 표면 착륙을 동시에 이루겠다는 목표에 도전하고 있다.

03
지구에서 달까지
From the Earth to the Moon

달은 지구의 하나뿐인 위성

태양계의 다른 행성들이 여러 개의 위성을 가진 데 비해 지구에는 단 하나의 위성인 달이 있다. 달은 지구에서 제일 가까운 천체로 지상에서 맨눈으로 달의 표면을 볼 수 있을 정도로 가까이 있다. 지구에서 달까지의 거리는 약 38만km로 지구 30개를 늘어놓으면 닿을 수 있는 거리다. 지구에서 달까지 빛의 속도로는 1.3초에 갈 수 있고, 아폴로 우주선은 3일 정도 걸려 달에 도착했다. 물론 우리가 지구에서 보는 달도 1.3초 전의 모습이지만, 온 우주를 통틀어 지구와 같은 시간을 보내며 눈으로 직접 볼 수도 있고 심지어 우주선을 타고 가 볼 수도 있는 특별한 천체가 바로 지구의 위성인 달이다.

 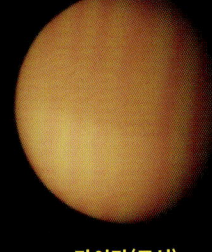   

가니메데(목성)   타이탄(토성)   칼리스토(목성)   이오(목성)   달(지구)

위성 태양계에는 6개의 행성과 4개의 왜행성이 위성을 갖고 있으며, 그 수는 모두 182개(2016년 5월 기준)이다. 달은 태양계에서 다섯 번째로 큰 위성이다.

지도를 비교하면 지구의 겉넓이는 달의 14배다. 바다가 있어 푸른 지구의 표면과 물과 대기가 없어 회색인 달의 표면이 대비된다.

지구와 달은 태양계에서는 유일하게 행성 하나에 위성 하나가 단짝인 특별한 사이다. 달의 적도 지름은 지구의 $\frac{1}{4}$, 부피는 지구의 $\frac{1}{50}$로 태양계에서 지구와 달처럼 행성에 비해 큰 위성을 가진 경우는 없다.

지구를 중심으로 공전하는 달

달은 지구를 중심으로 공전하고 있다. 달은 지구 적도를 기준으로 약 28.5° 기울어진 궤도를 따라 공전하기 때문에 지구에서 보면 포물선 모양의 길을 따라 뜨고 지는 것처럼 보인다. 달은 스스로 빛을 내지는 못하지만 태양 빛을 반사하여 밝게 빛난다. 달을 매일 관측하면 초승달-반달-보름달로 모양은 변하지만 달 표면의 무늬는 변하지 않는다. 그래서 달이 자전하지 않는다고 생각할 수 있다. 실제로는 달의 자전 주기와 지구 주위를 도는 공전 주기가 27.32일로 같기 때문에 언제나 같은 면만 보이는 것이다.

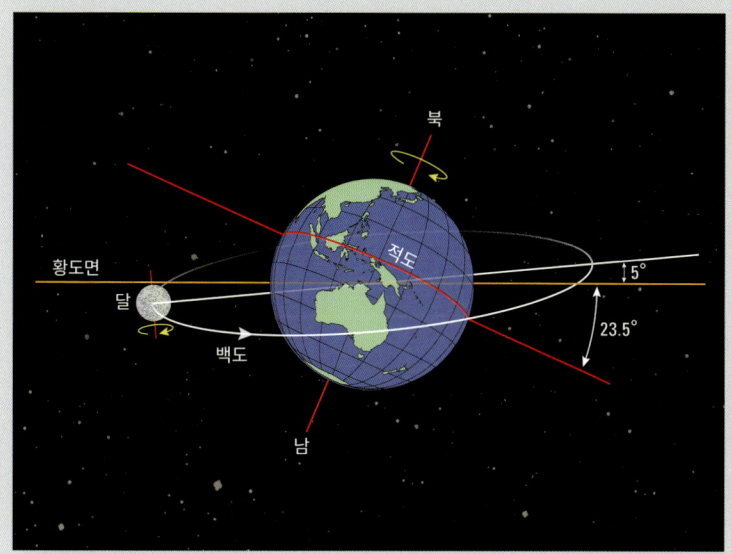

지구가 태양을 중심으로 공전하는 황도면을 기준으로 지구의 적도면은 약 23.5°, 달의 공전 궤도는 약 5°기울어져 있다.

지구-달-태양의 위치에 따라 지구에서 보는 달의 모습은 약 29.5일을 주기로 규칙적으로 변한다. 이것을 '달의 위상 변화'라 한다.

달 표면의 앞면(빨간 점)을 주의해서 보면, 달이 지구를 한 바퀴 도는 동안 빨간 점도 한 바퀴 돈다. 달의 자전 주기와 공전 주기가 같기 때문이다.

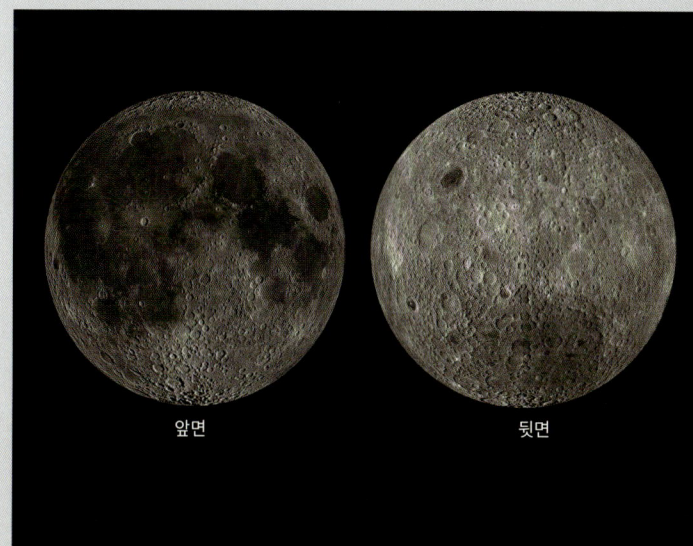

달의 앞면과 뒷면은 눈에 띄게 다른 모습을 하고 있다. 달의 앞면이 항상 지구를 향하기 때문에 지구 중력의 영향을 받은 결과일 것이다.

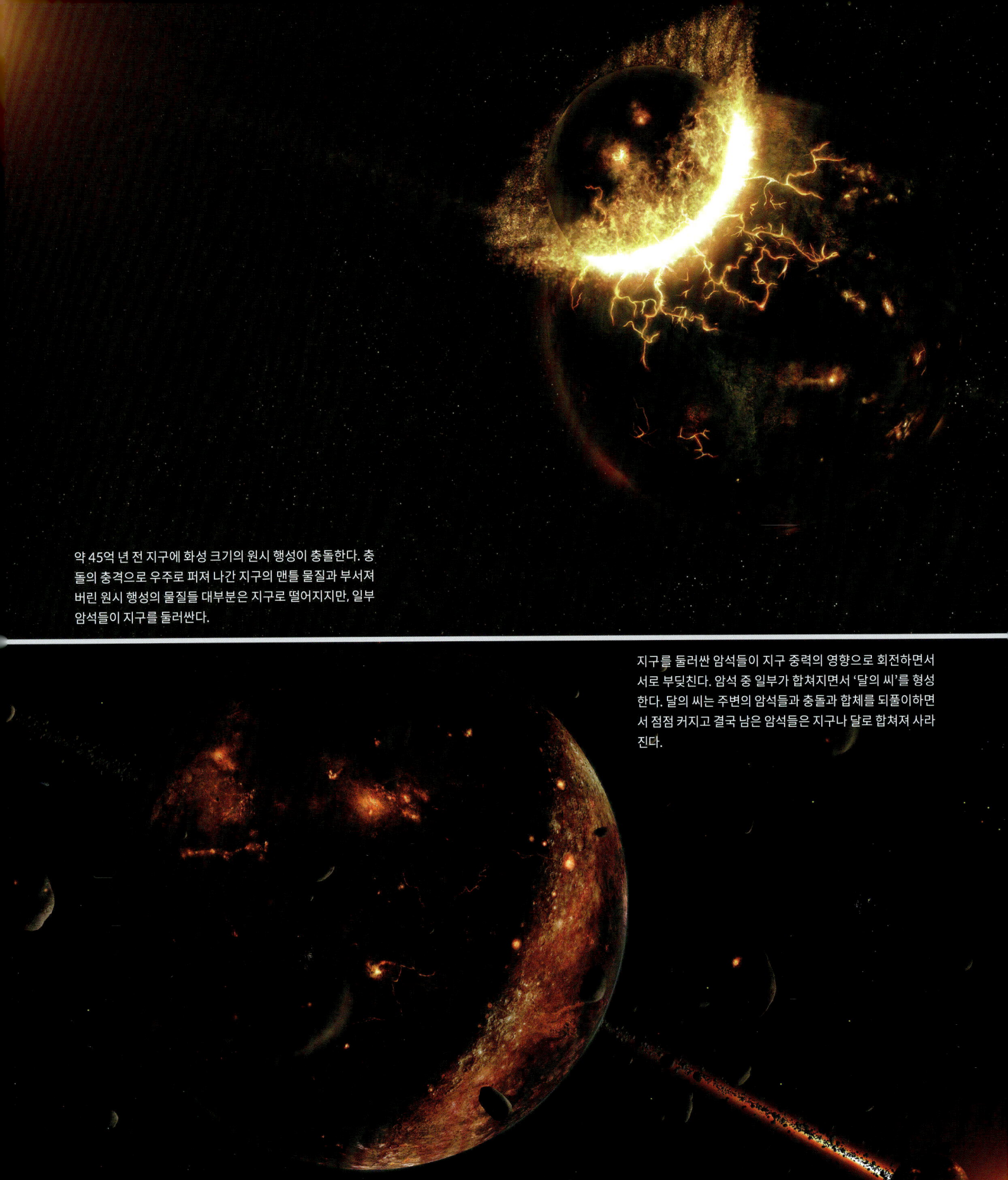

약 45억 년 전 지구에 화성 크기의 원시 행성이 충돌한다. 충돌의 충격으로 우주로 퍼져 나간 지구의 맨틀 물질과 부서져 버린 원시 행성의 물질들 대부분은 지구로 떨어지지만, 일부 암석들이 지구를 둘러싼다.

지구를 둘러싼 암석들이 지구 중력의 영향으로 회전하면서 서로 부딪친다. 암석 중 일부가 합쳐지면서 '달의 씨'를 형성한다. 달의 씨는 주변의 암석들과 충돌과 합체를 되풀이하면서 점점 커지고 결국 남은 암석들은 지구나 달로 합쳐져 사라진다.

거대한 충돌로 탄생한 달

어떻게 해서 지구가 달처럼 커다란 위성을 갖게 됐는가 하는 수수께끼를 풀어 줄 가장 설득력 있는 가설은 '거대 충돌설'이다. 태양이 탄생하고 약 1억 년 뒤(지금으로부터 45억 년 전) 지구에 화성 크기의 행성이 충돌했고, 그 파편이 모여서 달이 만들어졌다는 것이다. 거대 충돌로 탄생한 달은 지구로부터 불과 2만km밖에 떨어져 있지 않았다. 현재 지구와 달 사이의 거리가 38만km이니 거의 20배나 가까웠다. 지구가 탄생한 약 46억 년 전에는 지구의 자전 속도가 지금보다 빨라서 하루는 약 4.4시간, 1년은 약 2,000일이나 되었을 것이다. 거대 충돌로 탄생한 달과 지구의 중력이 서로에게 영향을 주어 지구의 자전은 점점 느려지고 그만큼 달은 지구로부터 멀어지면서 하루가 약 24시간인 오늘에 이른 것이다.

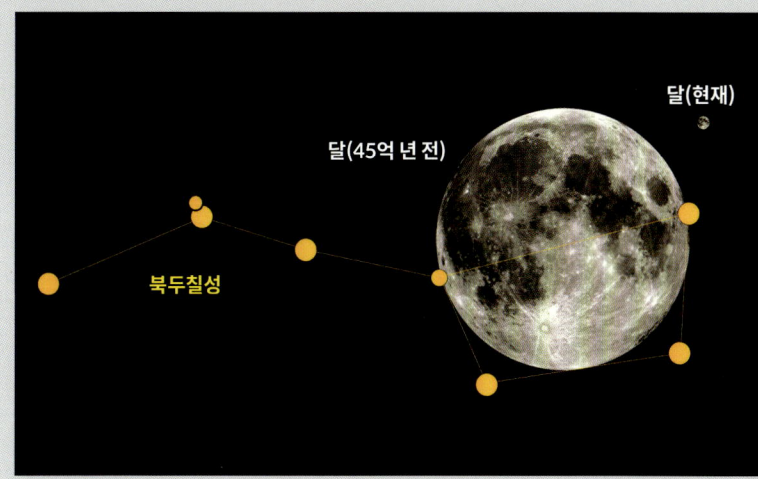

북두칠성을 기준으로 지구와 달의 거리를 비교해 보면, 현재는 45억 년 전보다 훨씬 멀어졌음을 알 수 있다.

충돌 후 짧으면 1개월에서 최대 100년 이내에 원시 지구에서 약 2만km 떨어진 위치에 지름 약 3,500km인 달이 완성되었다. 아직 원시 지구에는 대기가 없기 때문에 달이 지금보다 20배나 크고 뚜렷하게 보였을 것이다.

목표는 달! 아폴로 계획

아폴로 계획은 1961년부터 1972년까지 미국항공우주국에서 달 착륙을 목표로 진행한 유인 우주 탐사 계획이다. 우주 공간은 공기가 없는 진공 상태에 가깝기 때문에 공기의 마찰로 저항을 받지 않아 한번 속도를 내면 계속 속도를 유지하는 관성 비행으로 날아갈 수 있다. 하지만 우주선에는 엔진과 연료만 싣는 것이 아니라 우주를 조사할 탐사 장비와 지구로 소식을 전할 통신 장치도 싣는다. 또 사람이 타고 갈 경우에는 물과 산소 그리고 식량과 같은 생명 유지 장치도 필요하다. 따라서 지구에서 달로 우주선을 보내려면 제한된 공간을 최대한 활용하여 이것들을 실어야 한다.

지구와 달은 제자리에 가만히 있는 것이 아니라 자전과 공전을 하면서 끊임없이 움직인다. 지구에서 달로 우주선을 보내려면 지구와 달의 움직임을 계산해서 항로를 짜야 한다. 독일의 과학자 발터 호만은 2개의 원 궤도 사이를 이동할 때, 타원 궤도를 따라 이동하면 가장 적은 연료를 쓴다는 것을 알아냈다. 지구에서 달로 우주선을 보낼 때도 로켓으로 우주선을 지구 주회 궤도에 올려놓은 다음, 다시 우주선이 속도를 내어 달 주회 궤도까지 타원 궤도를 따라 날아가도록 항로를 정한다. 지구와 달을 오갈 때 옮겨 타는 타원 궤도(전이 궤도)를 '호만 궤도'라 한다.

아폴로 우주선을 달로 보낸 새턴 5호 로켓은 높이가 110m가 넘는 거대한 3단 로켓으로 현재까지 인류가 만든 가장 큰 발사체다.

❿ 낙하산을 펼쳐 사령선의 속도를 늦추면서 바다에 착수하고, 사령선에서 풍선이 부풀어 올라 물에 뜬다.

❾ 지구에 다가오면 기계선을 버리고 3명의 우주인이 탄 사령선이 분리되어 지구 대기권으로 재진입한다.

❶ 새턴 5호의 1단 로켓과 2단 로켓을 차례로 분리하며 고도를 높여 3단 로켓을 지구 주회 궤도에 올려놓는다.

❷ 3단 로켓의 엔진으로 속도를 내어 지구 주회 궤도를 벗어나면 보호 덮개를 열어 우주선과 착륙선을 분리할 준비를 한다.

부품 설명

착륙선(하단부) 착륙할 때 속도를 줄이는 하강 엔진이 있으며, 상단부가 이륙할 때 발사대 역할을 한다.
- 지면에 닿으면 신호를 보내는 탐침
- 우주인들이 오르내리는 사다리
- 착륙 속도를 조절하는 하강 엔진
- 연료와 산소 등을 저장하는 탱크

착륙선(상단부) 달 표면에서 우주인들이 생활하는 공간이며, 달을 떠날 때 분리되어 이륙한다.
- 이륙할 때 사용하는 연료
- 통신용 안테나
- 도킹을 위한 자세 제어 장치

사령선 아폴로 우주선의 조종석이자 지구 귀환용 캡슐. 발사 때 저항을 작게, 재진입 때 저항을 크게 하기 위해 원뿔 모양이다.
- 우주인들이 드나드는 도킹 터널
- 비행 조작과 생활까지 하는 조종석

기계선 주 엔진과 연료를 싣고 전기 동력을 제공하며, 우주인들을 위한 생명 유지 장치가 있다.
- 자세 제어 장치를 위한 가스
- 주 엔진용 연료
- 주 엔진의 노즐
- 방향을 조절하는 자세 제어 장치
- 생명 유지 장치를 위한 저장 탱크

비행 단계

❸ 먼저 분리된 아폴로 우주선이 방향을 바꿔 3단 로켓 안에 있는 달 착륙선과 도킹하여 꺼낸 다음, 3단 로켓을 버리고 달로 향한다.

❹ 무선 통신이 되지 않는 달의 뒷면으로 접근하면서 속도를 줄여 달 주회 궤도에 진입하고 착륙 준비를 한다.

❺ 달 착륙선에 2명의 우주인이 옮겨 타고 달 표면에 착륙한다. 우주선에는 1명의 우주인이 남아 달 궤도를 돌며 대기한다.

❻ 달 표면에서 임무를 마치고 떠날 때가 되면 착륙선의 상단부를 분리하여 이륙한다.

❼ 착륙선 상단부와 우주선이 달 주회 궤도에서 도킹하고 착륙선에 타고 있던 2명의 우주인이 우주선으로 옮겨 탄다.

❽ 우주선은 착륙선 상단부를 버리고 엔진을 점화하여 달 주회 궤도를 벗어나 지구로 귀환하는 전이 궤도에 오른다.

달에서 이륙할 때 달의 위치
달에 착륙할 때 달의 위치
비상시에 지구로 귀환하는 궤도
지구에서 출발할 때 달의 위치

47

지구에 달을 만들다

달 착륙을 준비하면서 풀어야 했던 가장 큰 문제는 달에 가기 전에 미리 연습을 할 수 없다는 점이었다. 아무도 가 보지 못한 달에 미리 가 볼 수는 없을까? 고민하던 과학자들은 여러 가지 방법으로 지구에 달을 만들어 연습하기로 했다. 달 표면과 가장 비슷할 것으로 여겨지는 흙이 있는 땅을 골라 폭탄으로 커다란 구덩이를 만들어 울퉁불퉁한 지형에 크레이터가 있는 달을 흉내 냈다. 우주인들은 착륙 지점과 똑같이 만들어 놓은 곳에서 달의 지형을 미리 익힐 수 있었다. 우주선 조종과 도킹, 착륙선 하강 등을 연습하기 위한 다양한 시뮬레이터가 만들어져 아폴로 계획이 성공하는 데 중요한 역할을 했다.

폭탄을 이용해서 크레이터를 만들고 있다.

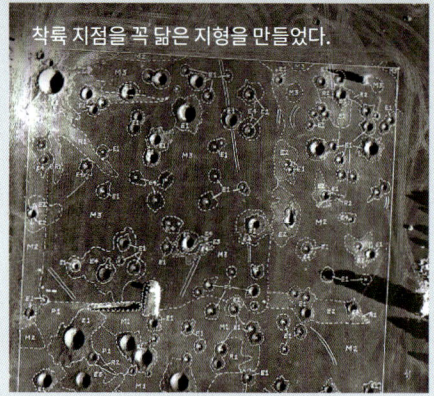

착륙 지점을 꼭 닮은 지형을 만들었다.

아폴로 우주인들이 크레이터를 피해 월면차를 운전하는 연습을 하고 있다.

달 표면과 비슷한 지형에서 토양을 채취하는 훈련을 하고 있다.

달 지형을 바탕으로 커다란 모형을 만들고 있다.

달 모형을 이용하여 비행 시뮬레이터를 만들었다.

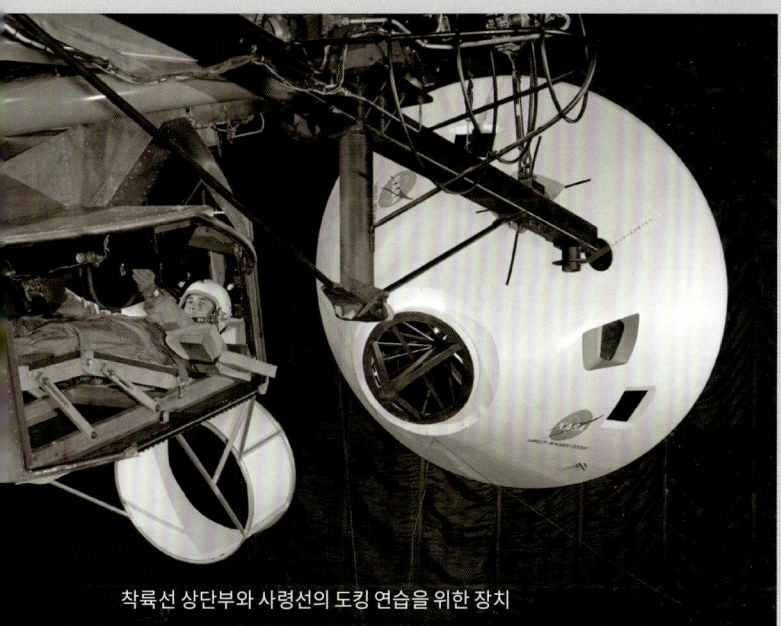
착륙선 상단부와 사령선의 도킹 연습을 위한 장치

컴퓨터로 작동하는 착륙선 시뮬레이터

착륙선 시뮬레이터에서 훈련 중인 우주인

착륙선 하강 연습용으로 특별 제작한 기체

사령선과 기계선이 달 궤도를 돌고 있다.

착륙선이 달 표면을 향해 하강하고 있다.

착륙선 상단부가 도킹을 위해 상승 중이다.

작지만 위대한 한 걸음

"이것은 한 인간에게는 작은 한 걸음이지만, 인류에게는 거대한 도약이다."

1969년 7월 20일, 아폴로 11호 선장 닐 암스트롱이 인류 최초로 달에 첫발을 내딛으며 남긴 말이다. 암스트롱은 착륙선에 함께 탑승한 버즈 올드린과 21시간 36분 21초를 달 표면에 머물렀고, 2시간 26분 40초 동안 달 위를 걸어 다녔다. 아폴로 11호의 달 착륙은 지구인이 지구를 벗어나 외계 천체에 발을 디딘 첫 번째 성과였고, 현재까지도 달은 인간의 발길이 직접 닿은 유일한 외계 천체다.

아폴로 우주인이 달에 남긴 발자국

아폴로 11호가 달 표면에 설치한 반사판. 지구에서 레이저를 발사하여 지구와 달 사이의 정확한 거리를 측정할 수 있다.

역사적인 달 착륙에 성공한 아폴로 11호

아폴로 계획이 남긴 것

아폴로 계획을 통해 모두 6번의 달 착륙에 성공했다. 달 표면에 실험 장비를 설치하고, 월석과 토양을 채취했으며, 월면차를 이용하면서 더 넓은 범위를 이동할 수 있었다. 아폴로 계획에서 알게 된 우주 탐사 기술과 우주에서 생존하는 방법은 지금까지도 우주 개발에서 중요한 역할을 하고 있으며, 민간 산업에도 큰 영향을 주었다. 당시 기술로는 불가능할 것 같았던 달 착륙이라는 목표에 도전하고 성공하는 과정에서 미국의 과학 기술은 한 차원 높은 수준으로 발전할 수 있었다.

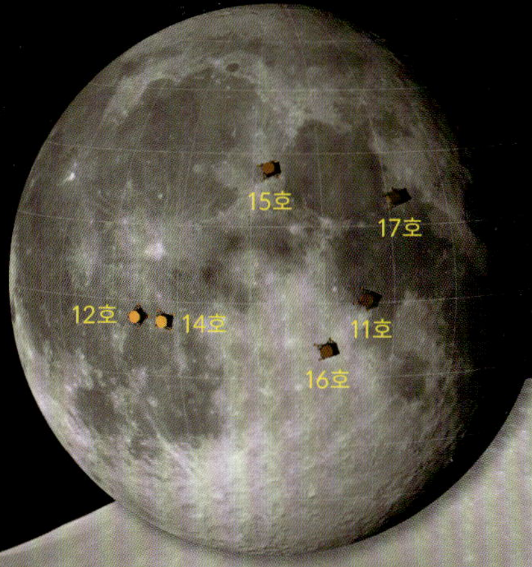

검은색으로 보이는 '달의 바다'는 단단한 현무암질이 넓고 편평한 지형으로 착륙선이 내리기에 좋은 환경이다.

대기가 없고 자기장이 미약한 달은 온도 차이가 심하고 강력한 우주 방사선이 쏟아져 내리는 극한의 환경이다.

아폴로 12호는 3년 전에 달에 착륙한 무인 탐사선 서베이어 3호를 찾아가 중요한 부품과 자료를 가져왔다.

아폴로 15~17호는 월면차를 이용해 더 많은 지역을 탐사했다. 월면차는 전기 자동차 발전에 큰 영향을 주었다.

미국의 탐사선 LRO가 촬영한
달 표면과 지구의 모습

달에서 자원을 찾는다

아폴로 계획 이후의 달 탐사는 주로 무인 탐사선이 맡고 있다. 미국의 탐사선 LRO를 비롯하여 여러 나라의 탐사선이 달 궤도를 돌며 구석구석을 관측하여 좀 더 정확한 달 지형도를 만들었고, 온도 변화와 자기장 분포를 비롯하여 달에 대한 많은 정보를 얻게 되었다. 최근의 달 탐사는 자원을 찾는 것을 목표로 하고 있다. 반도체의 재료가 되는 희토류나 의료용으로도 많이 쓰이는 티타늄 같은 광물 자원이 달에 풍부하게 있다는 것이 확인되었다. 특히 미래의 에너지로 연구 중인 핵융합 발전의 연료가 되는 헬륨-3은 지구 전체에 있는 양보다 훨씬 많은 양이 달에서 발견되어 관심이 집중되고 있다. 최근에는 달의 남극에서 얼음 상태의 물이 발견되어 달 표면에 기지를 건설하거나 우주선에 연료를 보급하는 공항을 만들 수 있는 가능성이 높아지고 있다.

LRO는 달 궤도를 돌면서 관측을 하고 있어 '달 정찰 위성'이라고도 불린다.

LRO가 촬영한 티코 크레이터

티코 크레이터 중심부의 모습

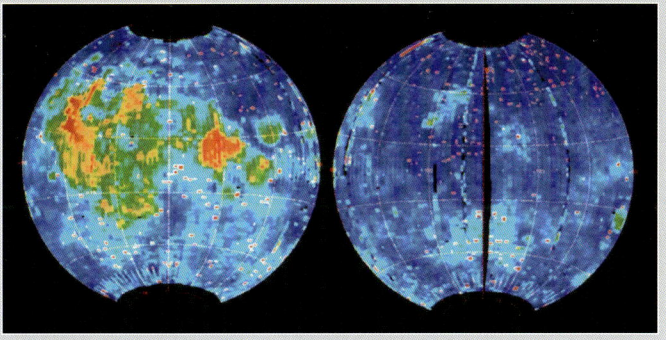
미국항공우주국에서 발표한 티타늄 분포도

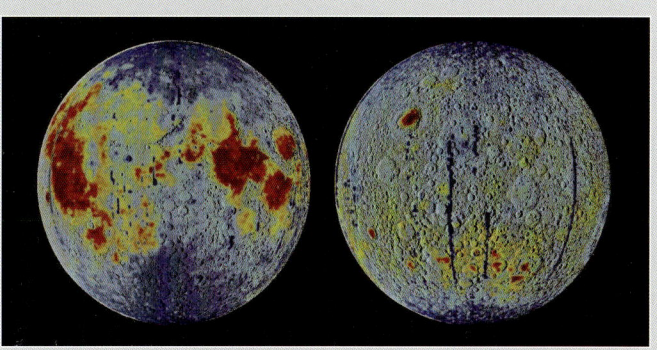
중국국가항천국에서 발표한 헬륨-3 분포도

일본의 탐사선 가구야는 달 뒷면에서 지구를 촬영하는 데 성공했다.

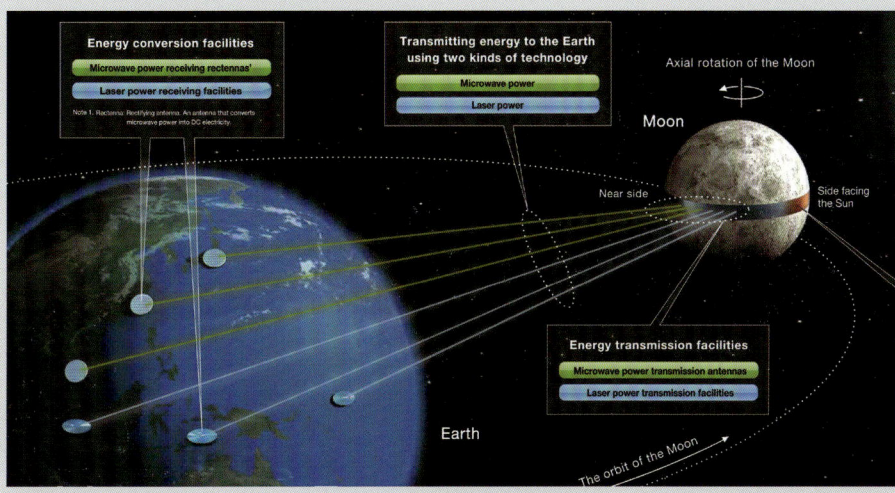
일본에서는 대기가 없어 효율이 좋은 달 표면에 태양광 발전소를 만들어 지구로 전송하는 계획이 공개되었다.

미국항공우주국은 달의 남극에 있는 크레이터 안쪽에 얼음 상태의 물이 있다고 발표했다.

대한민국 달 탐사 프로젝트

우리나라는 2020년을 목표로 달 탐사 계획을 준비하고 있다. 달 탐사에는 크게 다섯 가지가 필요하다. ① 지구 밖으로 우주선을 내보내는 발사체, ② 달 주회 궤도에 보내는 궤도선, ③ 달 표면에 내리는 착륙선, ④ 이동하면서 조사하는 탐사 로버, ⑤ 항로를 계획하고 통신하는 기술이다. 우리나라는 이 다섯 가지를 동시에 자기 힘으로 개발하여 달 탐사를 성공시킨다는 야심 찬 계획을 세우고 있다. 만약 2020년 달 탐사 계획이 성공한다면 우리나라의 우주과학과 관련 기술은 선진국 수준으로 성큼 올라설 것이다.

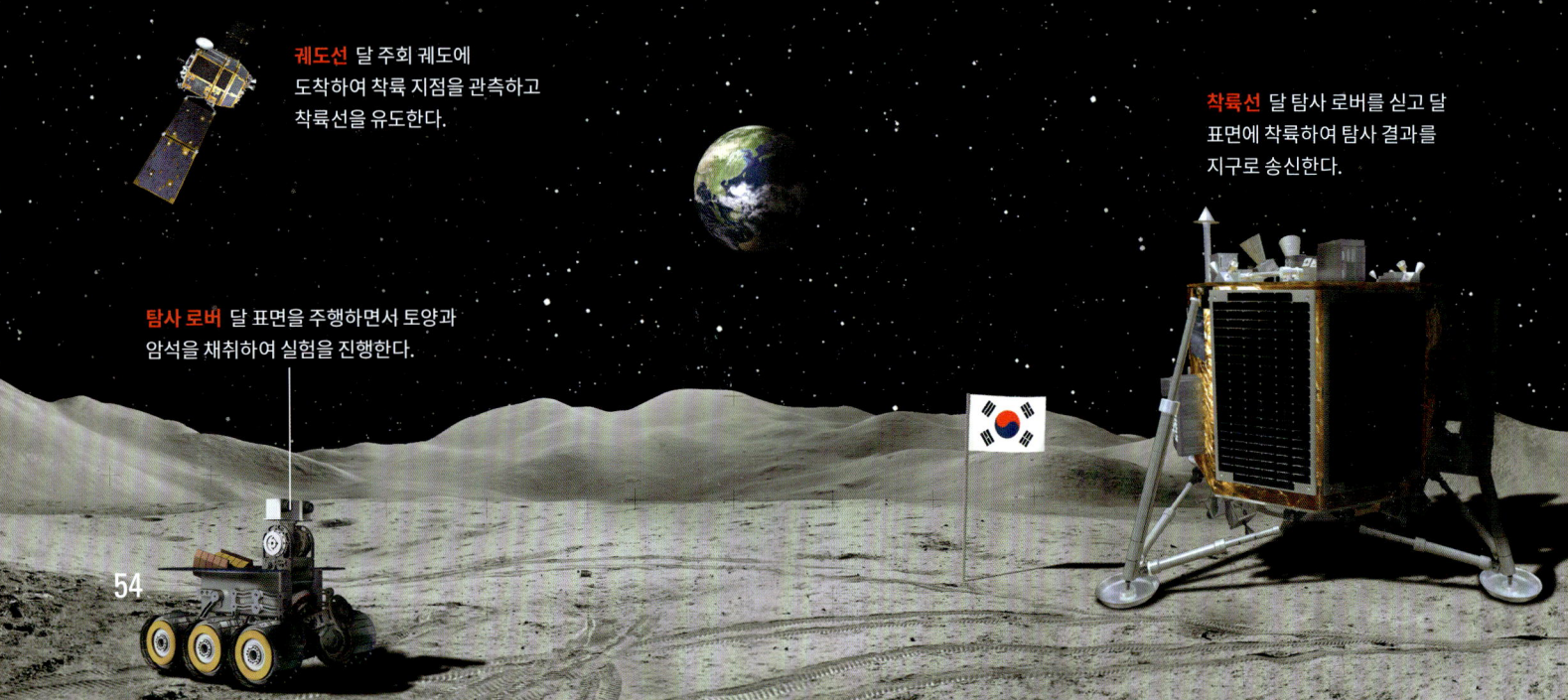

한국형 발사체 우리 기술로 개발하고 있는 3단 로켓으로 궤도선과 착륙선을 각각 달 궤도로 보낼 계획이다.

탑재체 보호 덮개 (페어링)

3단 로켓 7톤급 엔진(1개)

2단 로켓 75톤급 엔진(1개)

1단 로켓 75톤급 엔진(4개)

우리나라는 2020년에 달 궤도 진입과 표면 착륙을 동시에 이룬다는 목표에 도전하고 있다.

궤도선 달 주회 궤도에 도착하여 착륙 지점을 관측하고 착륙선을 유도한다.

탐사 로버 달 표면을 주행하면서 토양과 암석을 채취하여 실험을 진행한다.

착륙선 달 탐사 로버를 싣고 달 표면에 착륙하여 탐사 결과를 지구로 송신한다.

한국형 발사체로 궤도선과 착륙선을 발사하면 지구 주회 궤도에서 가속하여 지구를 벗어난다.

궤도선은 타원 궤도로 달에 진입하여 원 궤도로 좁혀 비행하며 달 주회 궤도에 자리 잡는다.

착륙선은 궤도선의 안내를 받아 달 착륙 궤도로 진입하고, 역추진 로켓을 분사하여 착지한다.

탐사 로버는 드릴과 레이저 분광기를 이용하여 달 토양을 분석하고 지구로 데이터를 전송한다.

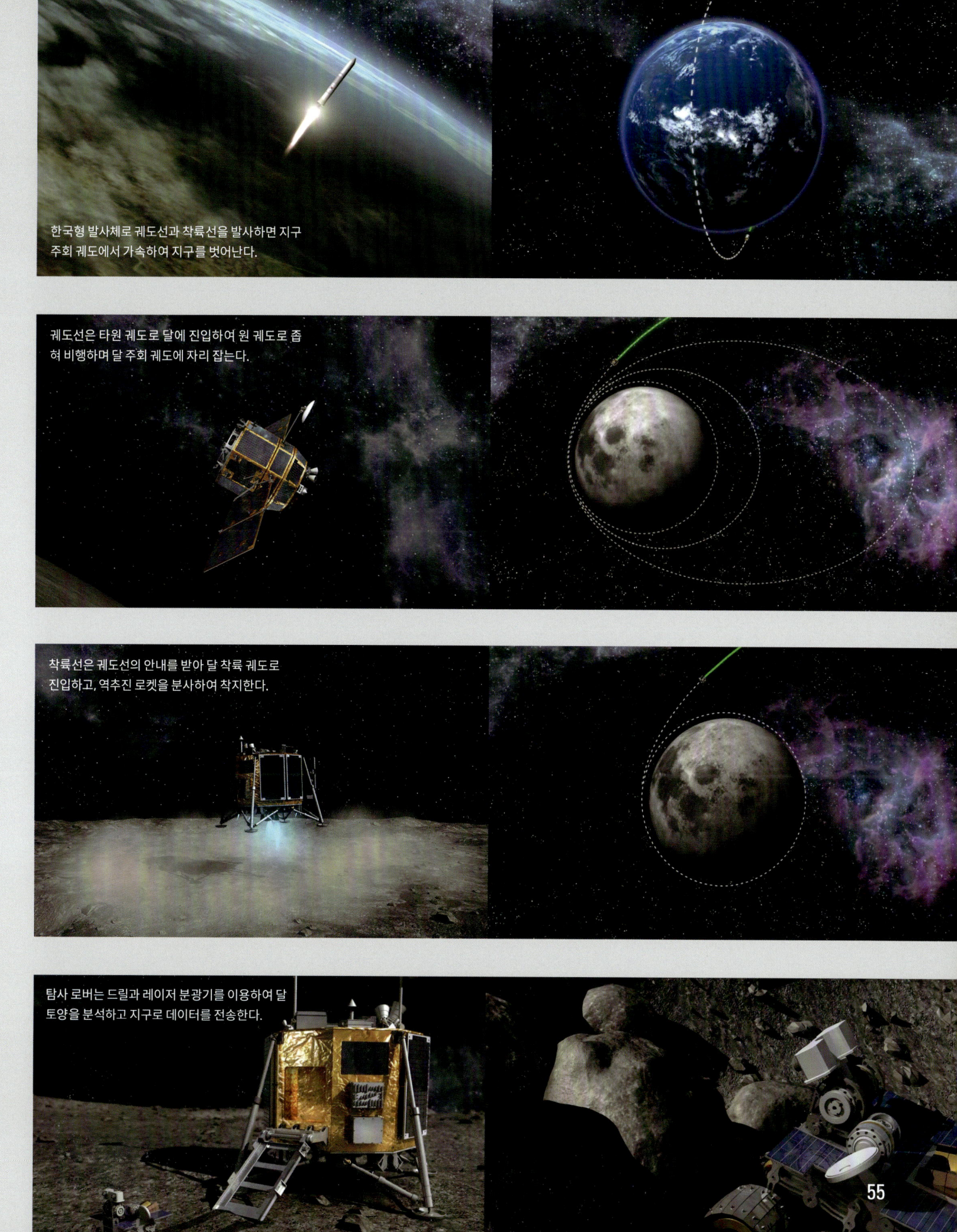

아폴로 우주신이 작륙했던 지점들은 단단하고 편평한 곳들이 많아 진진 기지를 설치하기에 유리할 것이다.

달에 우주 기지를 건설한다

　남극에 과학 기지가 있는 것처럼 달에 우주 기지를 건설하여 그곳에서 생활하며 연구할 날이 머지않아 다가올 것이다. 달 기지는 달에 있는 자원을 캐서 지구로 보내고, 먼 우주로 떠나는 우주선이 출발하는 공항 역할도 할 것이다. 달은 우주 방사선이 강하게 내리쪼이며 극고온과 극저온을 오가기 때문에 인간이 살기엔 어려움이 많지만, 지구와 거리가 가까워 실시간 통신이 가능하고 항상 같은 면을 보고 있다는 장점이 있다. 달에 있는 흙과 암석을 이용해서 건물을 짓고, 얼음을 녹여 물을 만들고 다시 산소와 수소를 얻을 수 있다. 희토류 자원과 핵융합 연료까지 채취한다면 달 기지는 지금 상상하는 것 이상으로 지구에 소중한 존재가 될 것이다.

달 개척 초기의 전진 기지들은 로켓으로 실어 나를 수 있는 착륙선이나 탐사 장비를 활용하여 건설할 것이다.

지구와 달은 현재 우주선으로도 2~3일이면 갈 수 있는 거리에 있기 때문에 우주 공항을 만들어 물자를 주고받을 수 있다.

❶ 3D 프린터가 들어 있는 무인 로봇이 달에 있는 흙으로 건설 자재를 만들어 기지를 지어 나간다.

❷ 달 기지의 주거 공간은 인체에 위험한 우주 방사선을 막기 위해 두꺼운 보호막을 덮어 건설한다.

❸ 같은 방식으로 만든 달 기지를 계속 연결해 나가는 방식으로 달 표면에 우주 기지를 만든다.

달 표면에 도시를 건설한다면 지구에서도 달 도시의 불빛을 볼 수 있을 것이다.

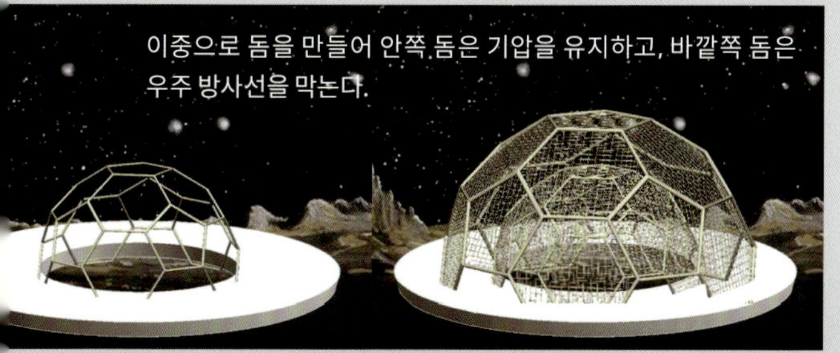

이중으로 돔을 만들어 안쪽 돔은 기압을 유지하고, 바깥쪽 돔은 우주 방사선을 막는다.

거대한 크레이터를 돔으로 덮어 지구와 같은 기압을 유지하는 도시를 만드는 계획도 있다.

거대한 돔들을 연결하여 달 표면에서 농사를 짓고 생활에 필요한 모든 것들을 스스로 해결하는 도시를 만든다.

 화성은 오랫동안 사람들의 상상력을 자극해 왔다. 지금까지 여러 차례 지구의 무인 탐사선이 화성 표면에 착륙하거나 화성 궤도를 돌면서 화성의 비밀을 풀기 위해 노력해 왔다. 최근에는 화성에서 물이 흘렀던 흔적과 얼음 상태로 존재하는 물 분자를 찾아냈다. 미국을 중심으로 2035년에 화성에 착륙하는 유인 탐사를 준비하고 있어, 인류가 달에 이어 화성 표면을 탐사하는 날이 올 것인지 기대를 모으고 있다.

04
화성으로 가는 길
Mission to Mars

태양계에 있는 8개의 행성은 암석으로 된 지구형 행성과 가스로 된 목성형 행성으로 나눌 수 있다. 태양을 중심으로 공전하고 위성도 아니지만 행성이 될 만큼 질량이나 중력이 충분하지 못한 천체들은 왜행성으로 분류한다.

지구를 닮은 행성들

    태양계에 있는 8개의 행성은 암석으로 이루어진 지구형 행성과 가스로 이루어진 목성형 행성으로 나눌 수 있다. 그중에서 지구형 행성인 수성과 금성 그리고 화성은 착륙할 수 있는 단단한 지면이 있고 중력이 지구와 비슷하거나 작아서 사람이 우주선을 타고 직접 착륙하는 유인 우주 탐사 계획의 목표가 될 수 있다. 하지만 수성은 태양과 너무 가까워서 태양에서부터 나오는 강력한 하전입자의 흐름인 태양풍 때문에 접근하기가 어렵고, 수성 궤도에 들어서기도 전에 태양의 강력한 중력에 끌려갈 위험도 크다. 그래서 과학자들은 지구와 크기가 비슷한 금성이나 지구보다 태양에서 멀리 떨어져 있는 화성을 목표로 유인 탐사의 가능성을 끊임없이 검토해 왔다. 아직까지 지구 밖 천체 중 유인 탐사에 성공한 곳은 달이 유일하다. 만약 지구형 행성에 사람이 착륙하는 날이 온다면 우주 탐사 역사에서 오래도록 빛나는 순간으로 기억될 것이다.

화성
직경 6,792km
질량 지구의 0.11배
중력 지구의 0.38배
자전 24시간 37분
공전 687일

수성
직경 4,879km
질량 지구의 0.06배
중력 지구의 0.38배
자전 58.8일
공전 88일

금성
직경 12,104km
질량 지구의 0.82배
중력 지구의 0.91배
자전 244일
공전 225일

지구
직경 12,756km
질량 1
중력 1
자전 24시간
공전 365일

극과 극의 온도 차이를 가진 행성, 수성

수성은 태양계에 있는 8개의 행성 중 태양과 가장 가까운 행성이자 제일 작은 행성이다. 수성의 크기는 달 크기의 1.4배 정도에 불과하다. 수성에는 대기가 거의 없으며 태양풍의 영향을 강하게 받는다. 수성은 태양과 가까워 망원경으로 관측하는 것도 어렵고 탐사선을 보내는 것도 쉽지 않았다. 탐사선이 태양의 중력에 끌려가지 않고 수성 궤도에 진입하기 위해서는 속도와 궤도를 매우 정밀하게 조종해야 한다. 탐사선이 보내온 수성 사진을 보면 달처럼 표면에 수많은 크레이터가 있다. 수성은 태양과 가까워 해가 비치는 곳과 그렇지 않은 곳의 온도 차이가 무려 600℃에 이른다. 태양과 가장 가까울 때 제일 뜨거운 곳의 온도가 427℃나 되며, 해가 비치지 않는 곳의 온도는 영하 170℃까지 떨어진다. 수성의 극 지역에는 영원히 햇빛이 닿지 않는 곳이 있는데, 이곳에서 얼음 상태의 물이 발견되었다.

2004년에 발사된 수성 탐사선 메신저 호는 7년에 걸쳐 지구, 금성, 수성을 근접 통과하면서 속도와 궤도를 수정하고 태양을 15회나 돈 다음에야 마침내 수성 궤도에 진입할 수 있었다.

2011년 수성 궤도 진입에 성공한 무인 탐사선 메신저 호가 수성의 전체 모습을 고해상도 카메라로 찍어 지구로 보내왔다. 왼쪽은 메신저 호가 촬영한 흑백 사진이며 오른쪽은 컴퓨터로 색을 입힌 것이다.

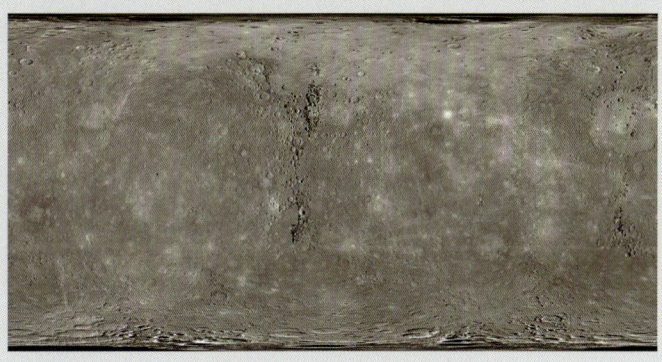

크레이터와 평원이 있는 수성 표면의 모습은 달과 비슷하다.

수성은 태양과 가장 가까운 행성이지만, 극지역에는 햇빛이 닿지 않는 영구 동토 지역이 있다. 이곳에서 얼음 상태의 물이 발견되었다.

지구 생명체에겐 최악의 행성, 금성

금성의 영어 이름은 그리스 신화에 나오는 미의 여신의 이름인 '비너스(Venus)'이다. 금성은 지구의 밤하늘에서 달을 제외하면 가장 밝게 빛나기 때문에 '샛별'이라는 예쁜 별명도 갖고 있다. 하지만 실제 금성의 환경은 이름처럼 아름답지 않다. 금성은 매우 두꺼운 이산화탄소 대기로 덮여 있으며 기압이 무려 지구의 92배에 달한다. 두꺼운 대기 때문에 복사열이 빠져나가지 못하는 온실 효과가 극심해 금성 표면의 평균 온도는 무려 464℃에 이른다. 납이 녹는 온도인 327.5℃보다 더 높은 표면 온도 때문에 금성은 태양계에서 가장 뜨거운 행성이다. 강한 산성의 대기가 상상도 못할 압력으로 짓누르며, 물 한 방울 없는 황량한 표면이 불처럼 달아오르는 금성은 지구에 사는 생명체에게는 단 1분도 머물 수 없는 최악의 행성이다.

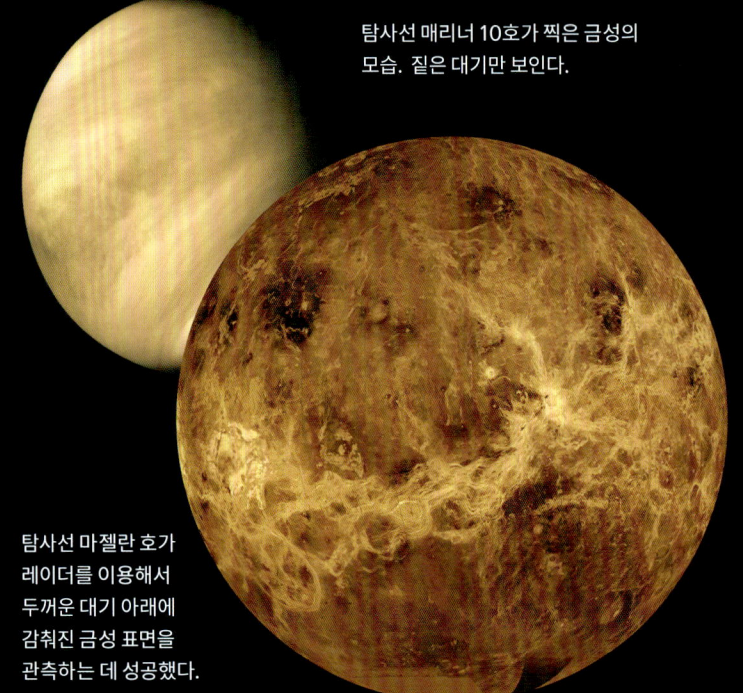

탐사선 매리너 10호가 찍은 금성의 모습. 짙은 대기만 보인다.

탐사선 마젤란 호가 레이더를 이용해서 두꺼운 대기 아래에 감춰진 금성 표면을 관측하는 데 성공했다.

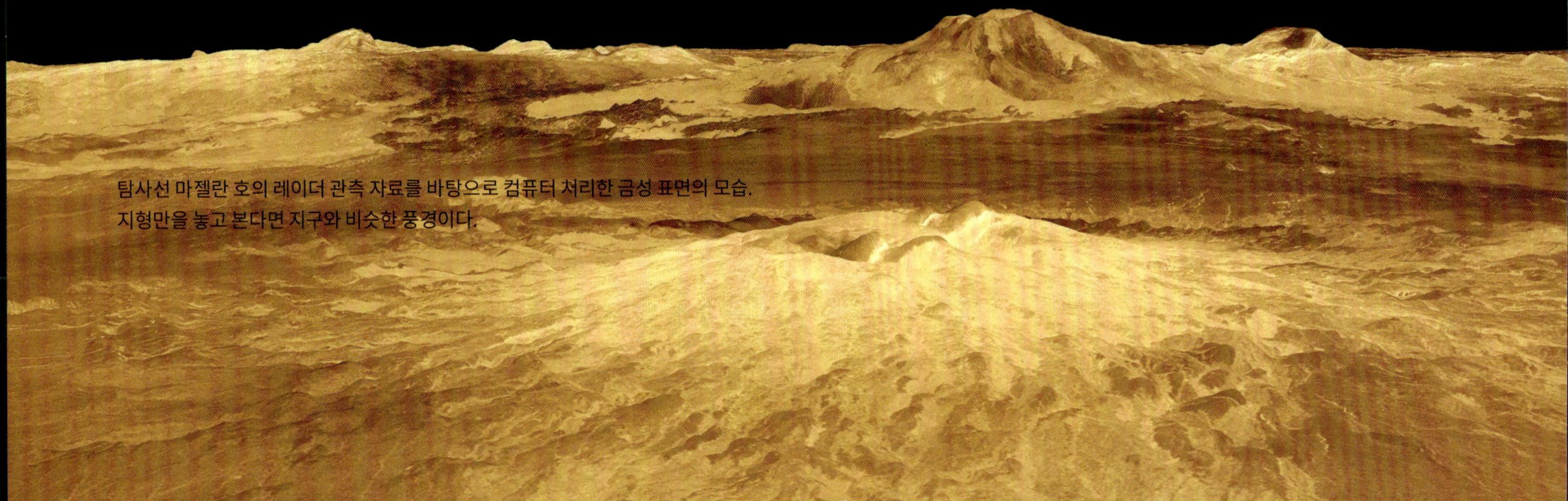

탐사선 마젤란 호의 레이더 관측 자료를 바탕으로 컴퓨터 처리한 금성 표면의 모습. 지형만을 놓고 본다면 지구와 비슷한 풍경이다.

탐사선 베네라 호가 촬영한 금성 표면의 모습. 강한 산성 성분의 대기가 금성의 표면을 짓누르고 있다.

금성의 표면 온도를 고려해 컴퓨터로 처리한 모습. 금성의 표면은 납이 녹는 온도보다도 뜨겁다.

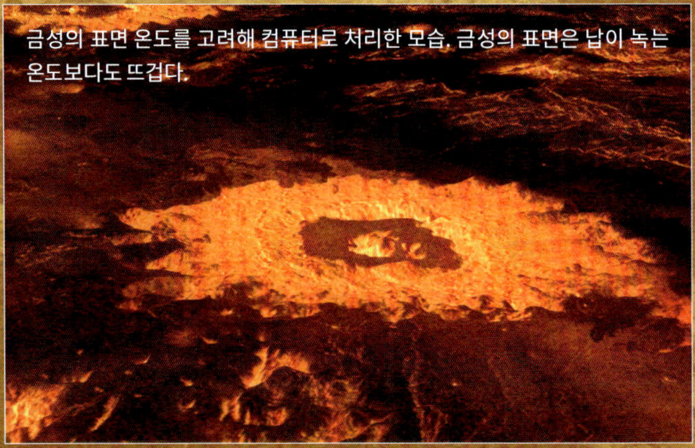

호기심을 자극하는 붉은 행성, 화성

밤하늘에서 화성은 유독 붉게 빛난다. 화성의 붉은빛은 사람들의 호기심을 자극했고 로마 신화에 등장하는 전쟁의 신 '마스(Mars)'가 화성의 이름이 되었다. 지구를 침략하는 화성인에 맞서 싸우는 공상 과학 소설들이 많이 나온 것처럼 오래 전부터 사람들은 화성에 생명체가 살고 있을 것이라는 기대를 가져 왔다. 하지만 무인 탐사선이 보내온 사진에 담긴 화성 표면은 끝없이 펼쳐진 황량한 사막이었다. 화성은 태양계에서 가장 높은 산과 가장 깊은 협곡이 있는 거친 지형의 행성이기도 하다. 화성의 극 지역은 영하 143℃로 매우 춥지만 여름의 적도 지역은 영상 35℃까지 기온이 올라간다. 지구에 비해 $\frac{1}{100}$ 정도로 아주 희박하지만 이산화탄소 성분의 대기도 있다. 최근 화성에서 얼음 상태의 물이 발견되고 대기에서 메탄 성분이 탐지되어, 여전히 화성에서 생명체의 증거를 찾게 될 것이라는 기대를 갖게 한다.

화성에서 해가 지는 모습은 지구에서처럼 붉지 않고 푸르스름하다. 화성 대기에 있는 짙은 먼지 때문에 붉은빛이 걸러지고 푸른색 광선만 통과하는 것으로 추측된다.

화성의 올림푸스 산은 높이 약 27km로 에베레스트 산의 3배가 넘고, 한반도 넓이에 맞먹는 거대한 크기로 태양계에서 가장 높은 산이다.

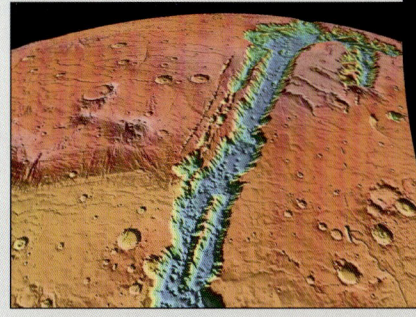

화성의 매리너리스 협곡은 길이가 4,000km가 넘고, 폭은 200km, 깊이는 7km로 지구 최대 협곡인 그랜드 캐니언의 10배에 이르는 규모다.

지구가 푸른 행성이라면 화성은 붉은 행성이다. 화성의 표면은 사막처럼 황량하고 화성의 지형은 높은 산과 깊은 협곡이 있어 거칠다.

큐리오시티는 화성의 대기와 중력을 계산하여 낙하산과 역추진 로켓으로 속도를 줄이며 무사히 착륙했다.

❶ 아틀라스 5호 로켓으로 지구 중력을 벗어난다.

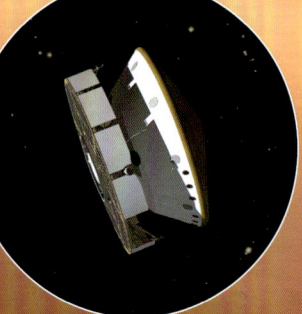
❷ 순항 엔진으로 속도를 내어 화성으로 향한다.

❸ 고도 130km에서 순항 엔진을 분리하고 화성 대기권에 진입한다.

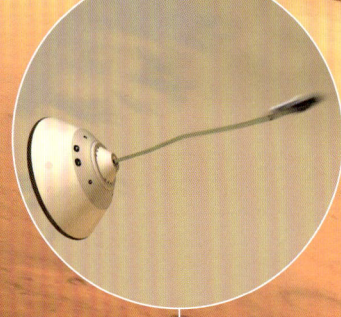
❹ 고도 11km에서 하단의 열 보호막을 분리하고 낙하산을 펼친다.

피닉스(2008)
바이킹 1호(1975)
패스파인더(1997)
오퍼튜니티(2004)
바이킹 2호(1976)
큐리오시티(2012)
스피릿(2004)

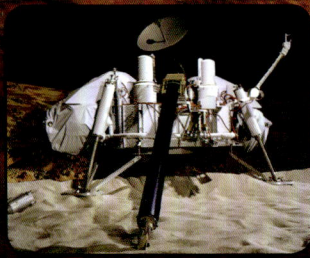

1976년 7월과 9월, 쌍둥이 랜더인 바이킹 1호와 2호가 화성 표면에 착륙한 것을 시작으로, 인류는 지금까지 화성 곳곳에 탐사선을 보내 생명체의 흔적을 찾아 왔다.

화성 탐사 로버 큐리오시티

화성 탐사선은 우주에서 화성을 관측하는 궤도선(orbiter), 한곳에 착륙하여 이동하지 못하는 랜더(lander), 자기 힘으로 이동하면서 탐사하는 로버(rover)로 나뉜다. 2012년 8월 6일, 지금까지 화성에 간 로버들 중에서 가장 크고 강력한 성능의 '큐리오시티(curiosity, 호기심)'가 화성 표면에 무사히 착륙했다. 큐리오시티의 정식 이름은 '화성과학실험실(Mars Science Laboratory)'로 17대의 카메라와 10여 가지에 이르는 다양한 실험 장비를 이용하여 화성 현지에서 바로 시료를 분석하고 결과를 지구로 보내고 있다. 큐리오시티는 화성에서 생명체에게 꼭 필요한 물과 유기물을 찾기 위해 지금도 탐사 임무를 수행하고 있다.

⑤ 낙하산으로 하강 속도가 초속 400m에서 초속 80m로 줄어든다.

⑥ 화성 표면에 가까워지면 낙하산과 상단 캡슐을 분리한다.

⑦ 고도 1.4km에서 스카이크레인이 역추진 로켓을 점화하면 하강 속도는 초속 1m까지 줄어든다.

⑧ 큐리오시티가 스카이크레인과 연결된 끈에 매달려 내려오면서 바퀴를 펼쳐 화성 표면에 착륙한다.

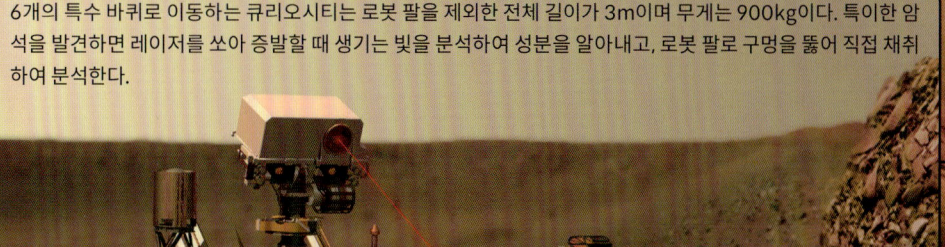

6개의 특수 바퀴로 이동하는 큐리오시티는 로봇 팔을 제외한 전체 길이가 3m이며 무게는 900kg이다. 특이한 암석을 발견하면 레이저를 쏘아 증발할 때 생기는 빛을 분석하여 성분을 알아내고, 로봇 팔로 구멍을 뚫어 직접 채취하여 분석한다.

로봇 팔의 드릴로 암석에 뚫은 구멍

채취한 토양을 분석기로 옮기는 모습

큐리오시티가 탐사한 화성의 모습

큐리오시티는 화성의 적도 부근에 있는 게일 크레이터에 착륙하여 중심부에 있는 샤프 산을 향해 이동하며 탐사하고 있다. 큐리오시티는 3년 동안 약 10km를 이동하면서 생생한 화성의 모습들을 지구로 보내왔으며, 지금도 여전히 보내오고 있다.

2015년 8월 5일에 찍은 큐리오시티의 '셀카' 사진. 로봇 팔은 지워져 있다. 거친 화성 표면을 3년간 탐사한 결과 바퀴 곳곳에 부서진 부분이 보인다.

마치 인공적으로 잘라 낸 것처럼 생긴 사암이 가지런히 놓여 있다. 이런 특이한 모습은 이 지역이 과거에 강바닥이었다는 증거로 여겨진다.

바위에 여러 방향으로 새겨진 날카로운 무늬는 흐르던 물의 속도와 방향이 바뀌면서 생겨났을 것이다.

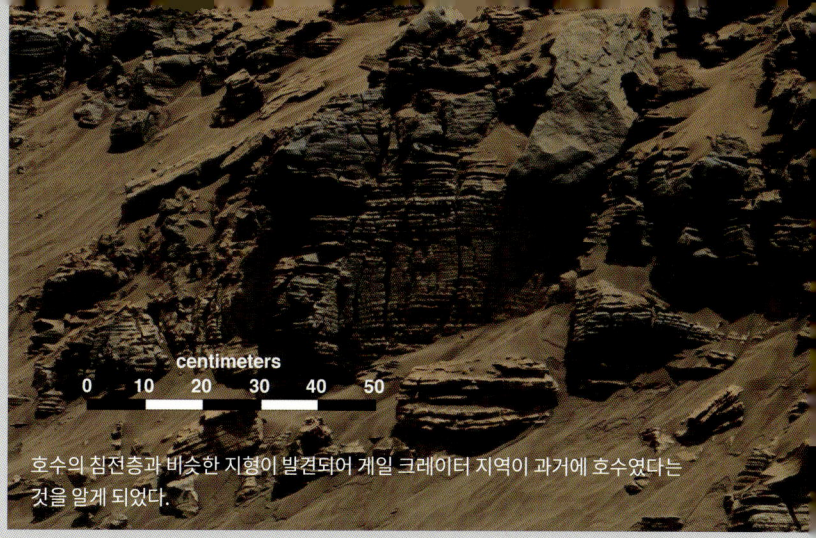

호수의 침전층과 비슷한 지형이 발견되어 게일 크레이터 지역이 과거에 호수였다는 것을 알게 되었다.

큐리오시티가 찍은 파노라마 사진을 보면, 붉은색으로만 보이는 화성 표면에도 다양한 색과 모양의 지질이 있음을 알 수 있다.

멀리 보이는 것이 큐리오시티가 향하고 있는 샤프 산이다. 높이는 게일 크레이터 바닥을 기준으로 5,486m로 추정된다.

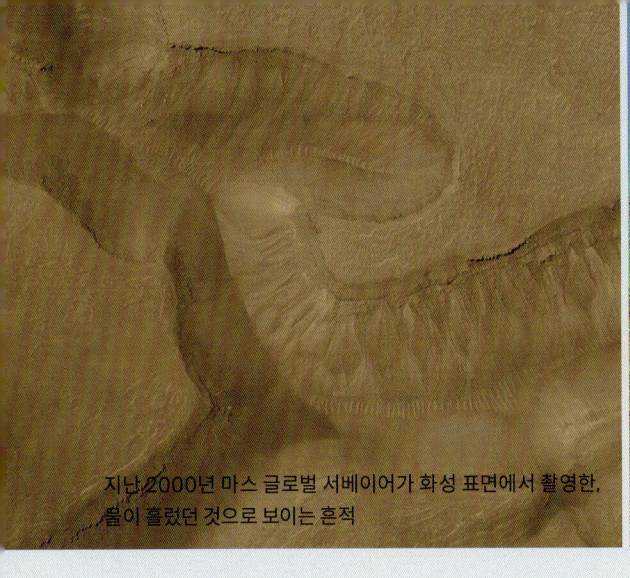

지난 2000년 마스 글로벌 서베이어가 화성 표면에서 촬영한, 물이 흘렀던 것으로 보이는 흔적

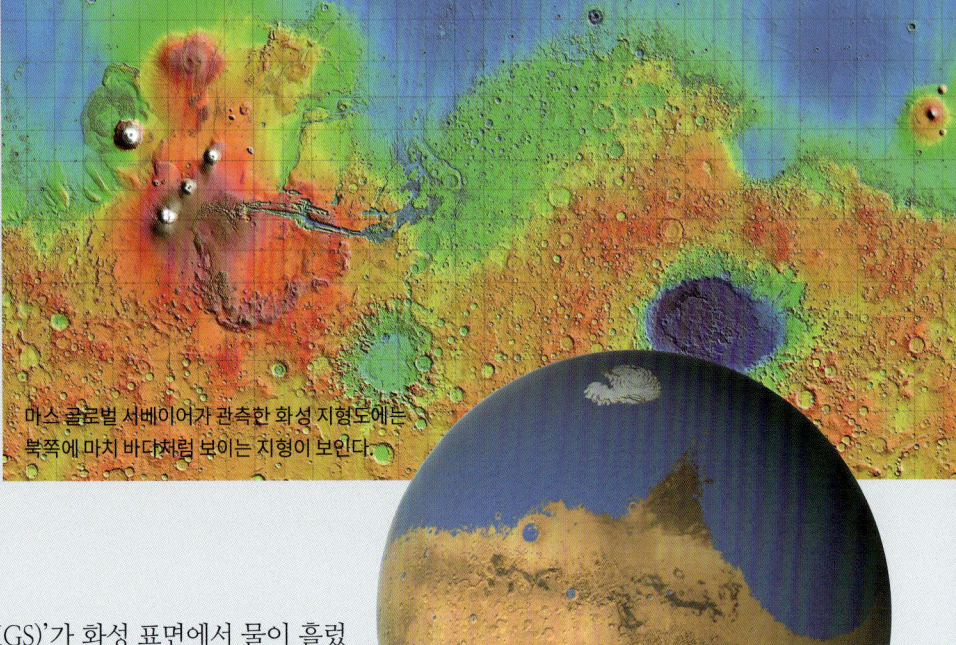

마스 글로벌 서베이어가 관측한 화성 지형도에는 북쪽에 마치 바다처럼 보이는 지형이 보인다.

화성 지형도를 바탕으로 만든, 과거 바다가 있던 화성의 상상도

화성에서 물을 찾아라

지난 2000년 궤도선 '마스 글로벌 서베이어(MGS)'가 화성 표면에서 물이 흘렀던 것으로 보이는 지형을 포착했다. 생명체가 살아가기 위해서는 물이 꼭 필요하기 때문에 과학자들은 화성에서 물의 증거를 찾기 위해서 많은 노력을 기울여 왔다. 화성 탐사 로버 큐리오시티는 화성의 흙을 높은 온도로 가열하여 분석한 결과 2~3%의 수분이 있다는 것을 알아냈고, 과거에 화성 표면에 물이 흘렀다는 것을 보여 주는 지질학적 증거들을 여럿 발견했다. 특히 큐리오시티의 착륙 지점인 게일 크레이터가 과거 호수였으며 몇 차례 물이 찼다가 마르기를 되풀이했다는 것도 밝혀냈다.

큐리오시티는 화성에서 물이 흐르는 곳에서 발견되는 둥근 돌을 찾아냈다.

암석에 있는 날카로운 줄무늬는 물이 흐르는 곳에서 생겨나는 흔적이다.

큐리오시티는 게일 크레이터가 과거에 호수였다는 증거를 발견했다.

게일 크레이터가 호수였던 시기의 상상도. 물이 찼다가 마르는 과정이 여러 번 되풀이된 것으로 보인다.

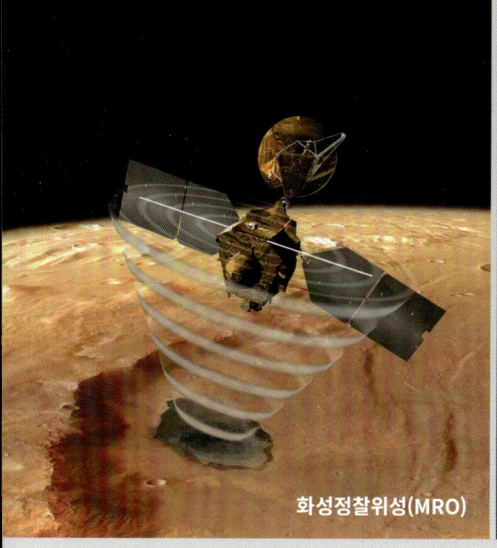
화성정찰위성(MRO)

마스 익스프레스(Mars Express)

메이븐(MAVEN)

우주에서 화성을 분석한다

궤도선은 화성 주위를 돌면서 화성을 관측한다. 랜더나 로버는 화성 표면을 직접 관찰하거나 분석할 수는 있지만 활동 범위가 좁은 반면에, 궤도선은 화성 전체를 대상으로 오랜 기간 관측할 수 있다는 장점이 있다. 최근 화성에서 활동하고 있는 궤도선은 레이더를 이용하여 구름이나 먼지를 뚫고 지하까지 관측할 수 있다. 미국항공우주국의 '화성정찰위성(MRO)'은 화성의 여름 기간에 나타나는 검은색 띠가 소금 성분의 액체가 흐르는 것이라는 사실을 알아냈다. 유럽우주국의 '마스 익스프레스'도 적외선 카메라를 이용하여 화성의 남극에서 얼음 형태로 존재하는 물 분자를 찾아냈다. 미국항공우주국의 '메이븐(MAVEN)'은 화성의 대기권이 태양풍에 의해 점점 줄어들고 있다는 관측 결과를 내놓았다.

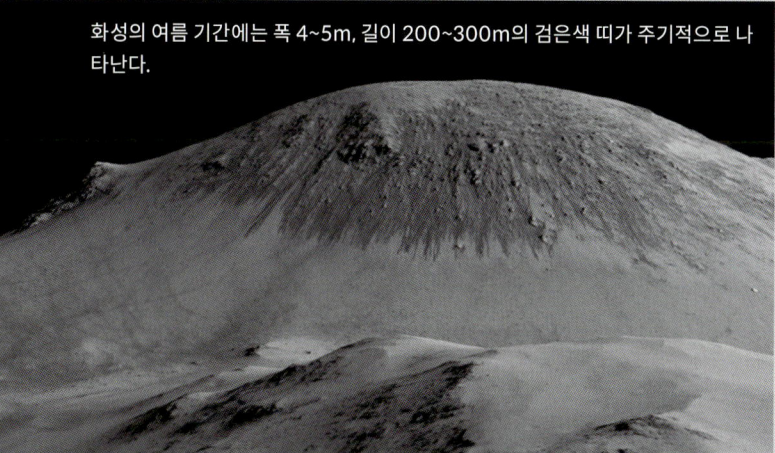
화성의 여름 기간에는 폭 4~5m, 길이 200~300m의 검은색 띠가 주기적으로 나타난다.

검은색 띠는 소금기가 있는 액체로 밝혀졌지만, 어디에서 물을 흡수했는지는 아직 모른다.

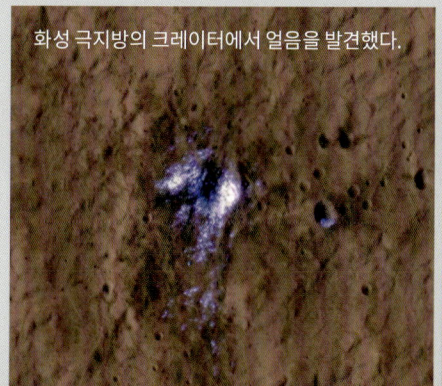
화성 극지방의 크레이터에서 얼음을 발견했다.

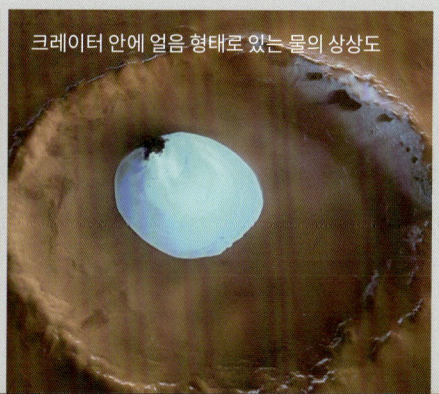
크레이터 안에 얼음 형태로 있는 물의 상상도

화성 지하에 물이 있을 가능성이 커지고 있다.

화성에 가려면 연습이 필요해

러시아와 유럽우주국이 함께 진행한 '마스 500(Mars 500)'은 외부와 격리된 공간에서 무려 520일 동안 지내면서 화성 탐사의 모든 과정을 실제 시간표대로 연습하는 실험이다. 달은 지구와 거리가 가까워 출발부터 귀환까지 일주일 정도면 충분하지만, 화성은 지구와 화성의 거리가 가까워질 때를 이용해도 출발부터 귀환까지 500일 이상이 필요하다. 오랜 기간 동안 좁은 공간에서 지내면 어떤 일이 생기는지 가상으로 체험하면서 문제점과 대안을 찾기 위해 우주인들은 스스로 격리된 공간에 들어가 520일을 지낸 것이다. 모두 6명이 참여한 이 실험에서 최종적으로 신체는 모두 건강해서 화성 탐사의 가능성을 확인했다. 그러나 정상적으로 임무를 마친 사람은 2명뿐으로, 몇 명은 생활 리듬이 깨지고 수면 부족과 우울증 상태를 보였다. 실제 시간표대로 가상 탐사를 진행하면서 우주선의 환경 개선과 우주인 선발 과정에 참고할 유용한 자료를 얻을 수 있었다.

마스 500 실험을 진행한 가상의 우주선과 화성 표면 재현 시설. 2010년 6월 3일부터 2011년 11월 4일까지 520일 동안 외부와 단절된 상태에서 화성 탐사를 연습했다.

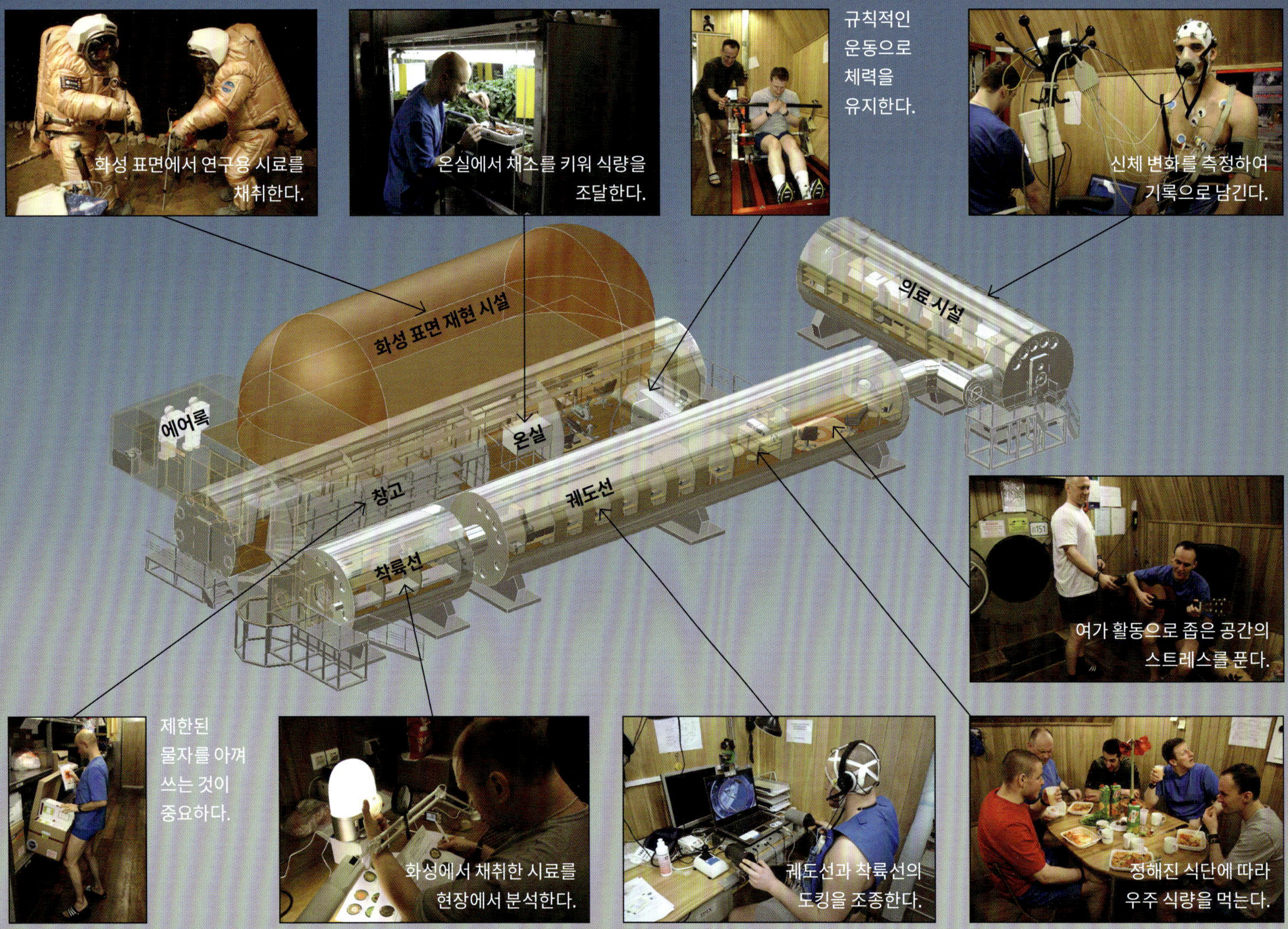

- 화성 표면에서 연구용 시료를 채취한다.
- 온실에서 채소를 키워 식량을 조달한다.
- 규칙적인 운동으로 체력을 유지한다.
- 신체 변화를 측정하여 기록으로 남긴다.
- 제한된 물자를 아껴 쓰는 것이 중요하다.
- 화성에서 채취한 시료를 현장에서 분석한다.
- 궤도선과 착륙선의 도킹을 조종한다.
- 여가 활동으로 좁은 공간의 스트레스를 푼다.
- 정해진 식단에 따라 우주 식량을 먹는다.

시설 구성: 에어록, 창고, 착륙선, 궤도선, 온실, 화성 표면 재현 시설, 의료 시설

붉은 사막과 암석으로 이루어진 화성 표면과 비슷한 지형을 골라 화성 탐사를 연습한다.

실제 화성에 있는 것처럼 가정하고 탐사를 진행한다.

외부와 격리된 곳에 탐사 기지를 만들어 생활한다.

신형 우주복과 이동 장비의 성능을 검증한다.

탐사 로버도 지구에서 연습을 하고 화성으로 간다.

2035년에는 화성으로 간다

미국항공우주국은 2035년을 목표로 화성 유인 탐사를 추진하고 있다. 지구와 화성은 각각 다른 궤도에서 태양을 중심으로 공전하기 때문에, 최대한 거리가 가까워졌을 때 화성에 도착했다가 지구로 귀환하도록 계획을 짜야 한다. 현재까지 나온 방안은 무인 화물선과 유인 우주선을 나눠서 출발시키고, 화성 표면에서 주거 모듈을 짓고 탐사 활동을 하면서 지구와 가까워질 때를 기다렸다가 귀환하는 것이다. 이 계획에 따르면 우주인이 지구와 화성을 오가는 비행시간은 약 360일이며 화성 표면에서 활동하는 기간도 500일이 넘어 모두 2년 4개월 이상을 우주에서 보내야 한다. 발사체, 우주선, 화성 주거 모듈 등 개발해야 할 것이 많지만 역사적인 화성 착륙을 목표로 하나하나 문제를 풀어 가고 있다. 러시아와 유럽 그리고 민간 기업들도 그들 나름의 화성 탐사 계획을 세우고 있어, 달에 이어 화성 표면에 사람이 착륙하는 날이 올 것인지 기대를 모으고 있다.

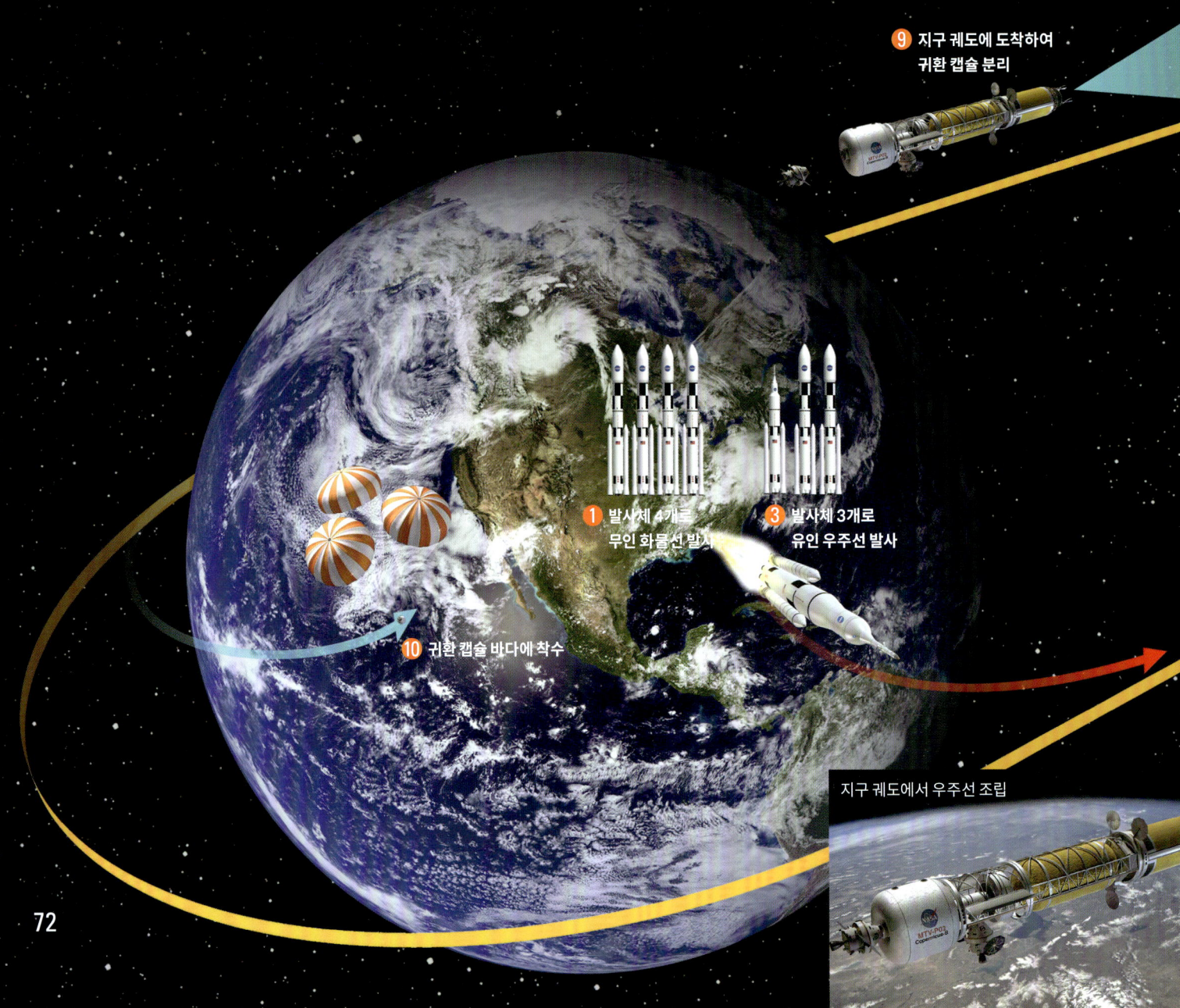

❾ 지구 궤도에 도착하여 귀환 캡슐 분리
❶ 발사체 4개로 무인 화물선 발사
❸ 발사체 3개로 유인 우주선 발사
❿ 귀환 캡슐 바다에 착수
지구 궤도에서 우주선 조립

화성 표면에서 탐사 임무

온실 모듈에서 식량 재배

화성 탐사 차량으로 이동

❽ 귀환 우주선에 탑승하여 지구로 출발

❻ 화성 표면에 착륙하여 탐사 임무

❼ 화성 표면에서 상승선 이륙

귀환 우주선 180일 소요

무인 화물선 350일 소요

❺ 유인 우주선 화성 궤도 도착

❷ 무인 화물선 2대 화성으로 출발

유인 우주선 180일 소요

❹ 유인 우주선 1대 화성으로 출발

화성 궤도에서 우주선 분리

무인 화물선 화성 착륙

유인 탐사선 화성 착륙

화성을 지구처럼 만드는 거대한 계획

지구로 돌아오지 않고 화성에 정착하여 살기 위한 다양한 계획들이 있다. 화성에서 물을 찾아낸다면 산소와 수소를 만들어 호흡할 공기와 기계를 움직일 연료를 만들 수 있을 것이다. 화성에서 농사를 지어 현지에서 식량을 해결할 수 있다면 화성에서 거주할 가능성은 더욱 높아진다. 화성에서 살기 위한 가장 극적인 계획은 화성 전체를 지구처럼 바꾸는 '테라포밍(terra-forming)'이다. 화성 표면에서 온실가스를 만들어 기온을 높이고 대기를 두텁게 하는 것을 시작으로, 지구처럼 강과 바다가 있고 동식물이 살 수 있는 환경을 만든다는 계획이다. 테라포밍은 행성 자체를 개조하는 거대한 계획으로 과학 기술이 얼마나 발전해야 가능할지 현재로선 가늠하기 어렵다. 하지만 몇몇 과학자들은 언젠가 인류가 지구를 떠나야만 하는 상황에 대비하여 연구를 이어 가야 한다고 주장한다.

초기에는 착륙선을 연결하여 화성 기지를 만드는 방식으로 생활한다.

화성에서 정착하여 아이를 낳고 기르면서 생활하는 날도 올 것이다.

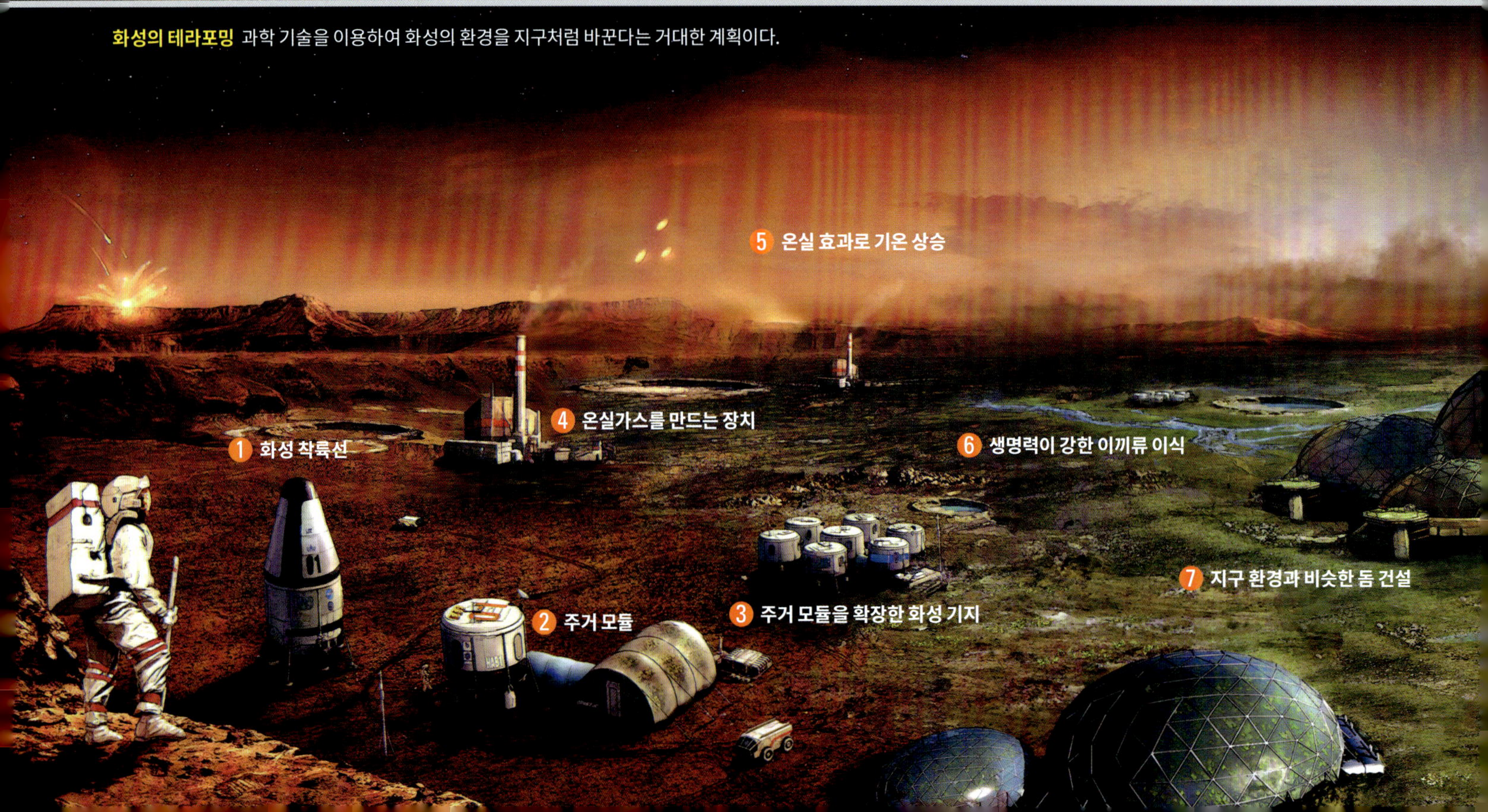

화성의 테라포밍 과학 기술을 이용하여 화성의 환경을 지구처럼 바꾼다는 거대한 계획이다.

1. 화성 착륙선
2. 주거 모듈
3. 주거 모듈을 확장한 화성 기지
4. 온실가스를 만드는 장치
5. 온실 효과로 기온 상승
6. 생명력이 강한 이끼류 이식
7. 지구 환경과 비슷한 돔 건설

화성 개조의 시작은 온실가스를 만들어 기온을 높이는 것이다. 이동식 무인 공장이 화성 표면의 물질을 태워 온실가스를 만드는 상상도

지구는 인체에 해로운 우주 방사선을 막아 주는 자기장이 있지만 화성에는 자기장이 거의 없다. 어떻게 하면 화성에서 자기장을 만들 수 있을 것인지 지금의 과학 기술로는 알 수 없다.

지구의 자기장

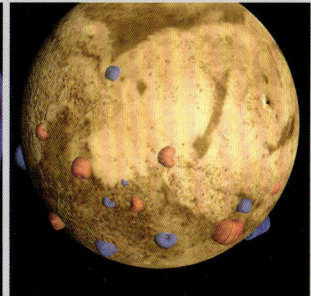
화성의 자기장

화성을 지구처럼 개조하는 과정을 그린 상상도. 학자에 따라 수백 년에서 수만 년의 시간이 필요할 것이라고 예상한다.

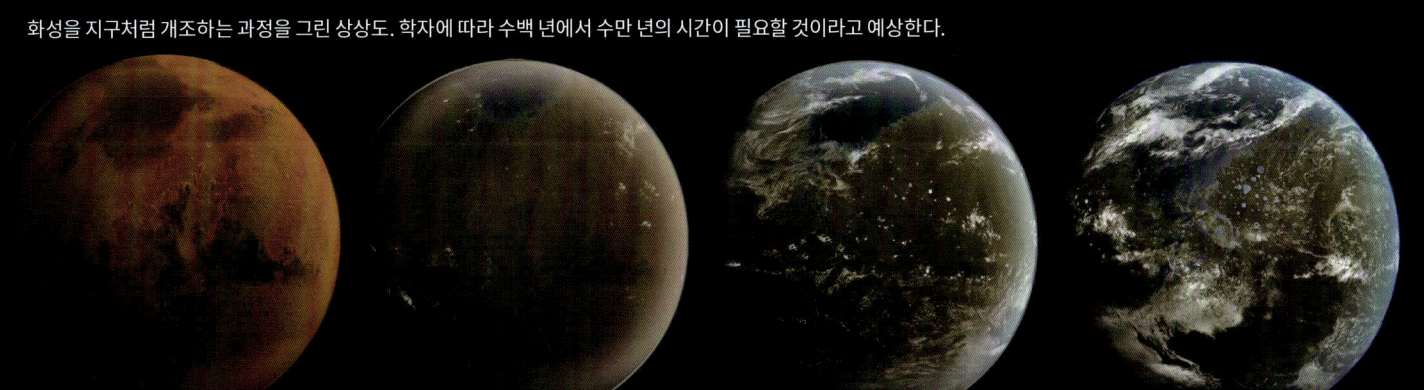

⑪ 숲의 역할로 대기에 산소 증가

⑫ 화성에 대규모 도시 건설

⑩ 강물이 흐르고 우거진 숲으로 발전

⑨ 환경에 강한 침엽수림 조성

⑧ 기온 상승으로 얼음이 녹아 호수 생성

더 먼 우주로 나가기 위해 새로운 로켓과 우주선이 만들어지고 있다. 민간 기업들도 우주 탐사에 나서 우주로 여행을 떠나는 날이 현실로 다가왔다. 그리고 강력한 성능을 가진 망원경을 만들어 우주의 비밀을 밝히려 하고 있다. 또, 지구와 닮은꼴인 행성을 찾고, 어딘가에 있을 외계 생명체를 찾는 노력도 계속되고 있다. 언젠가 인류는 지구를 떠나 새로운 행성이나 먼 우주로 나가 우주 식민지를 건설하고 그곳에서 생활하는 날이 올 것이다.

05

미래를 여는 우주 탐사

The Future of Space Exploration

오리온 다목적 유인 우주선

오리온 우주선은 미국항공우주국에서 유인 탐사 임무를 위해 개발하고 있는 신형 우주선이다. 이 우주선은 최대 4명의 우주인이 탑승하는 사령선과 여러 가지 크기의 기계선을 결합하여 다양한 임무를 수행하도록 만든 다목적 유인 우주선이다. 이 우주선의 특징은 발사 과정에서 사고가 생겼을 때 사람이 탑승한 사령선만 떼어 내는 비상 탈출 장치가 있는 것이다. 귀환 캡슐 역할을 하는 사령선을 회수하여 여러 번 사용하는 것을 목표로 하고 있다. 이 우주선은 지난 2015년 무인 비행으로 지구를 두 바퀴 돌고 태평양에 무사히 착수한 것을 비롯하여 여러 가지 실험을 거치며 완성을 향해 달려가고 있다. 이 우주선의 첫 유인 비행은 2021년으로 예정되어 있다.

오리온 우주선은 사령선과 기계선 그리고 비상 탈출 장치로 이뤄져 있다.

- 비상 탈출 장치
- 사령선(승무원 모듈)
- 기계선(서비스 모듈)
- 기계선 보호 패널
- 로켓-우주선 연결 장치

지구로 돌아올 때 시속 4만km의 속도로 대기권을 통과하면서 2,000~3,000°C에 이르는 마찰열을 견뎌야 한다.

사령선에는 최대 4명의 우주인이 탑승할 수 있다.

발사 과정에서 문제가 생기면 비상 탈출 장치로 사령선 캡슐만 분리하여 우주인을 안전하게 보호한다.

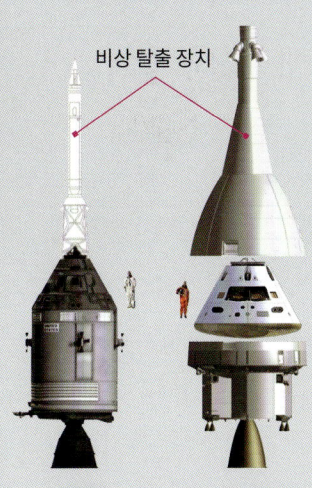

비상 탈출 장치

아폴로 **오리온**

아폴로 우주선에 비해 오리온 우주선은 비상 탈출 장치가 강화되었다.

오리온 우주선의 사령선은 탐사 임무에 따라 다양한 종류의 기계선이나 다른 우주선과 결합하여 조종할 수 있다.

착륙선을 수송하고 있는 오리온 우주선의 상상도

SLS 우주 발사 시스템

SLS(우주 발사 시스템, Space Launch System)는 미국항공우주국에서 개발하고 있는 대형 발사체다. 우주왕복선의 발사체를 발전시켜 만들고 있는 SLS는 2개의 고체 로켓 부스터와 4개의 신형 액체 로켓 엔진을 갖춘 1단 로켓을 동시에 점화하여 매우 강력한 추진력을 낼 수 있다. SLS는 지구 저궤도는 물론 달과 화성 그리고 소행성을 지나 더 먼 우주까지 탐사하기 위해 지금까지 개발된 어떤 발사체보다 뛰어난 성능을 목표로 하고 있다. SLS는 지난 2015년 신형 로켓 엔진의 점화 실험에 성공했으며 오리온 우주선 발사를 시작으로 실제 우주 탐사에서 활약할 예정이다.

새턴 5호 로켓 운송 능력 118톤
우주왕복선 운송 능력 25톤
SLS 승무원 탑승형 운송 능력 70톤
SLS 탑재물 수송형 운송 능력 130톤

SLS 승무원 탑승형 / SLS 탑재물 수송형

SLS 1단 로켓에 쓰일 RS-25 액체 로켓 엔진의 점화 실험

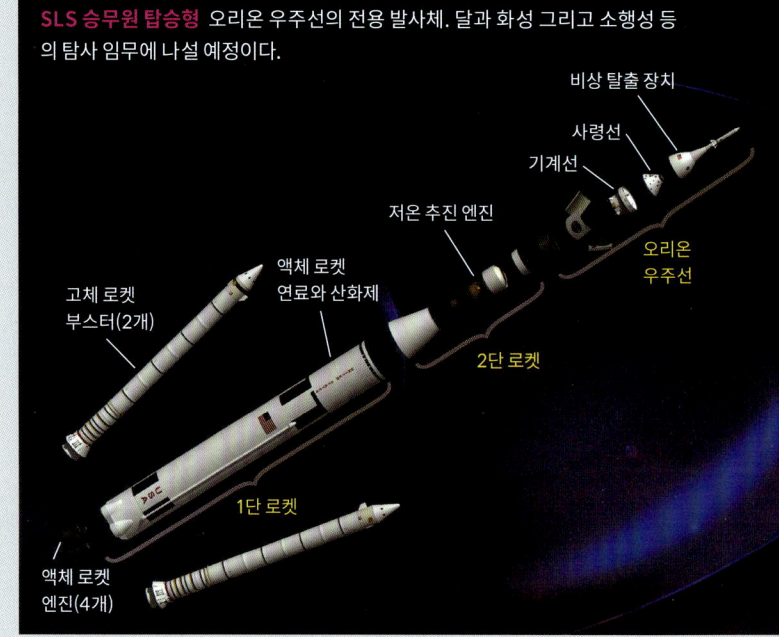

SLS 승무원 탑승형 오리온 우주선의 전용 발사체. 달과 화성 그리고 소행성 등의 탐사 임무에 나설 예정이다.

고체 로켓 부스터(2개) / 액체 로켓 연료와 산화제 / 저온 추진 엔진 / 비상 탈출 장치 / 사령선 / 기계선 / 오리온 우주선 / 2단 로켓 / 1단 로켓 / 액체 로켓 엔진(4개)

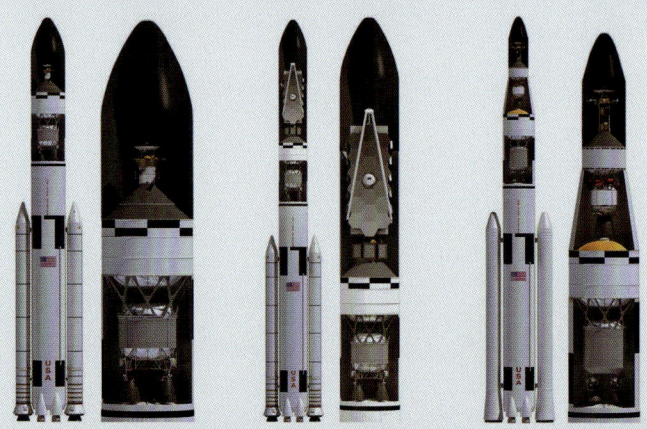

SLS 탑재물 수송형 강력한 운송 능력을 바탕으로 지구 저궤도 수송부터 먼 우주를 향하는 탐사까지 다양한 임무를 맡을 계획이다.

X-37은 태양 전지로 충전하면서 최소 200일 이상 지구 저궤도에서 임무를 수행할 수 있다.

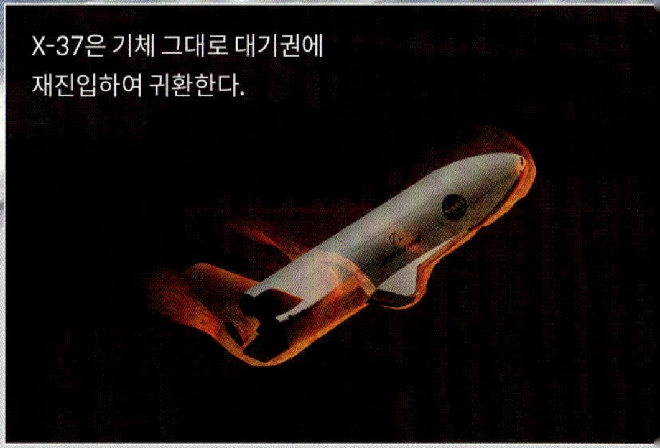

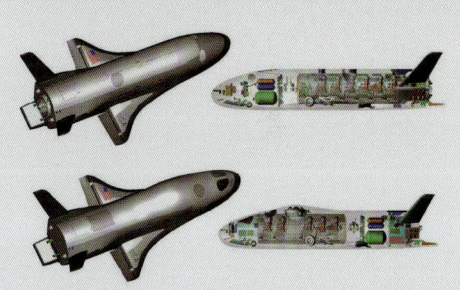
X-37은 기체 그대로 대기권에 재진입하여 귀환한다.

X-37 무인 우주왕복선

X-37은 우주왕복선의 주요 개념을 이어받아 만들어진 무인 우주선이다. 우주왕복선은 기체를 버리지 않고 활주로에 착륙시켜 여러 번 사용할 수 있다는 장점이 있었지만, 유지 비용이 많이 들고 인명 사고의 위험이 있어 이제는 사용하지 않고 있다. X-37은 무인 우주선으로 인명 사고의 위험이 없고 크기도 작게 만들 수 있어 발사와 운용에 드는 비용이 적다. X-37은 태양 전지가 들어 있어 한번 발사하면 지구 저궤도에서 최소 200일 이상을 비행하면서 임무를 수행할 수 있다. X-37은 미국항공우주국에서 개발을 시작하여, 현재는 미국공군에서 시험 중이다. X-37은 시험용 우주선으로 앞으로 어떤 방향으로 발전할지 주목받고 있다.

X-37을 발전시켜 6명의 우주인을 수송하는 유인 우주왕복선을 만드는 계획도 검토 중이다.

X-37은 활공 비행으로 활주로에 착륙한다.

기체를 점검하는 모습에서 크기를 짐작할 수 있다.

민간 우주 기업 스페이스X의 도전

지금까지 우주 탐사는 국가나 정부 차원에서 이뤄졌다. 그런데 최근 몇몇 민간 기업들이 우주 탐사 분야에서 사업을 벌여 이익을 내기 위해 나서고 있다. 미국의 민간 기업 '스페이스X'는 팰컨 로켓과 드래곤 우주선을 개발하여, 미국항공우주국과 계약을 맺고 2013년부터 국제우주정거장에 무인 화물선을 보내고 있다. 특히 팰컨 로켓은 발사체를 회수하여 여러 번 다시 쓰는 방식으로 비용을 아끼고 있다. 스페이스X는 앞으로 팰컨 로켓과 드래곤 우주선을 발전시켜 유인 우주 비행과 화성 탐사에도 나설 계획이다.

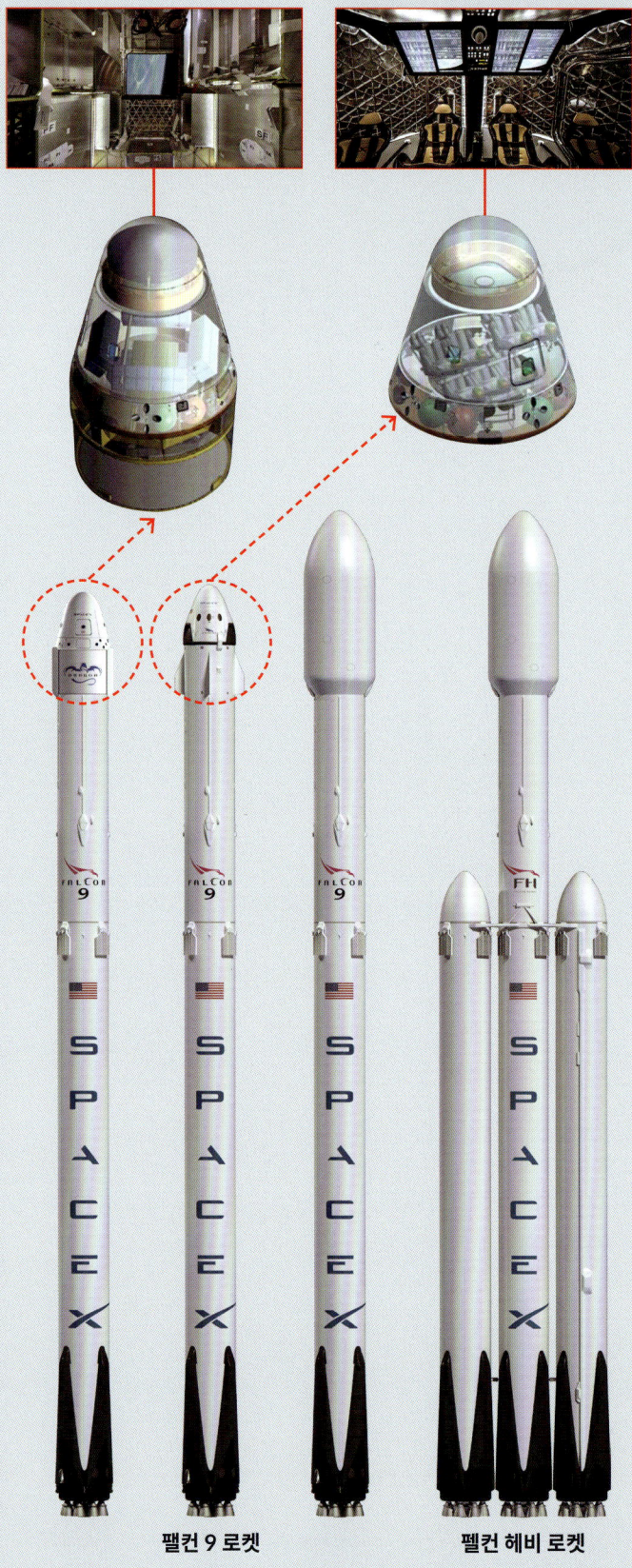

드래곤 화물형은 최대 6톤의 화물을 실을 수 있다.

드래곤 탑승형은 최대 7명의 우주인을 태울 수 있다.

펠컨 9 로켓

펠컨 헤비 로켓

스페이스X의 '팰컨 9' 로켓이 발사대를 벗어나고 있다. 탑재체는 국제우주정거장으로 향하는 드래곤 무인 우주선이다.

드래곤 우주선은 국제우주정거장까지 보급 임무를 수행하고 있다.

드래곤 우주선은 국제우주정거장에서 약 2톤의 화물을 싣고 지구로 귀환할 수 있다.

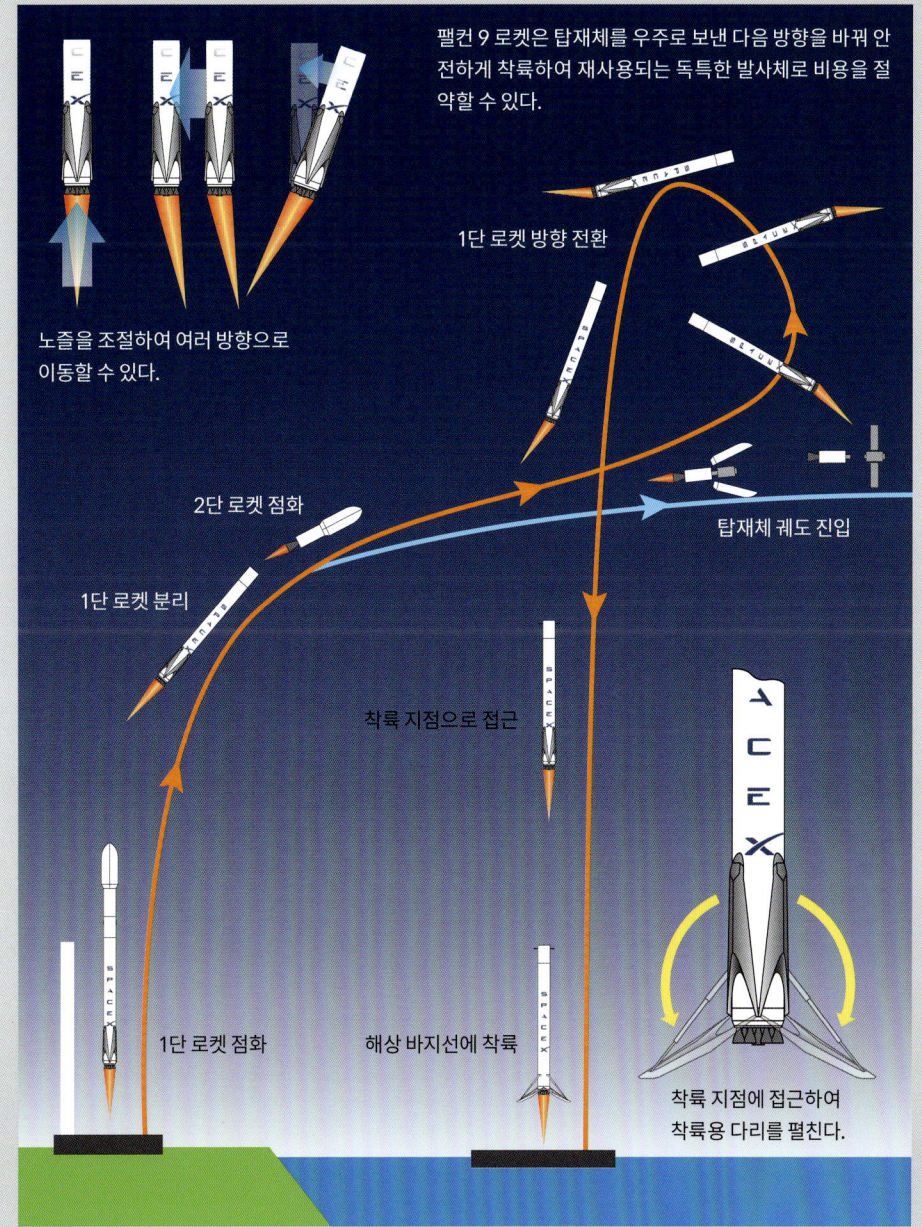

팰컨 9 로켓은 탑재체를 우주로 보낸 다음 방향을 바꿔 안전하게 착륙하여 재사용되는 독특한 발사체로 비용을 절약할 수 있다.

노즐을 조절하여 여러 방향으로 이동할 수 있다.

1단 로켓 방향 전환
2단 로켓 점화
1단 로켓 분리
탑재체 궤도 진입
착륙 지점으로 접근
1단 로켓 점화
해상 바지선에 착륙
착륙 지점에 접근하여 착륙용 다리를 펼친다.

해상 바지선에 착륙하는 팰컨 9 로켓

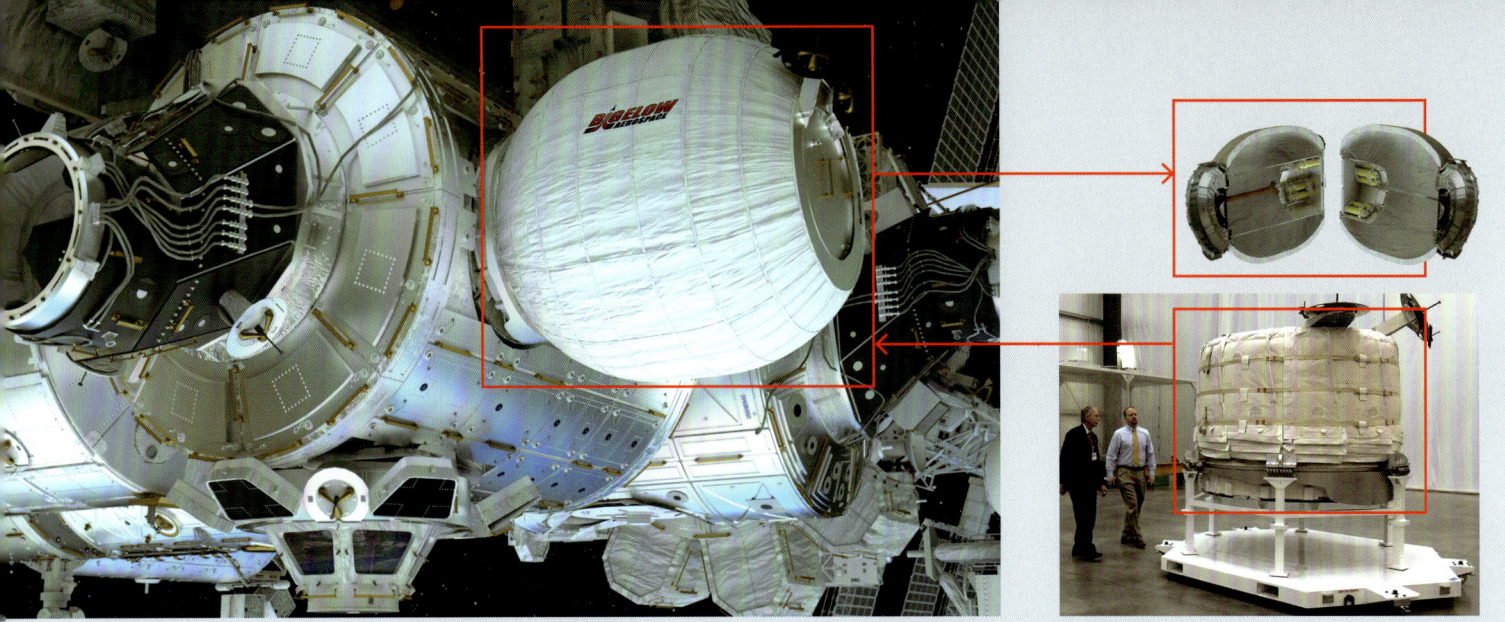

국제우주정거장 설치에 성공한 첫 번째 팽창식 모듈인 '빔(BEAM)'은 약 5분 정도 공기를 넣으면 길이 4m의 8인용 텐트 크기로 부풀어 오른다.

빔은 드래곤 우주선의 화물칸에 들어갈 크기로 접을 수 있다.

풍선처럼 부풀어 오르는 우주정거장

미국의 민간 기업 '비글로 에어로스페이스'는 접은 상태로 우주로 가져간 뒤 펼칠 수 있는 풍선처럼 부풀어 오르는 팽창식 우주정거장 모듈을 만들고 있다. 비글로의 팽창식 모듈은 특수한 천을 여러 겹 사용하여 인체에 해로운 우주 방사선을 막아 내고 온도와 기압도 유지할 수 있다. 무엇보다 접었을 때 크기가 작고 일반 모듈에 비해 무게도 가벼워서 훨씬 적은 비용으로 우주정거장을 만들 수 있다. 2016년부터 2018년까지 국제우주정거장에 첫 번째 팽창식 모듈을 설치하여 우주 환경에서 여러 가지 실험을 할 것이다. 비글로는 더 큰 팽창식 모듈을 만들어 우주 호텔을 만들겠다는 목표를 세우고 있다.

미국항공우주국에서 1990년대에 연구했던 팽창식 우주정거장 '트랜스해브(TransHab)'. 비글로는 트랜스해브의 특허를 사들여 팽창식 모듈을 개발하고 있다.

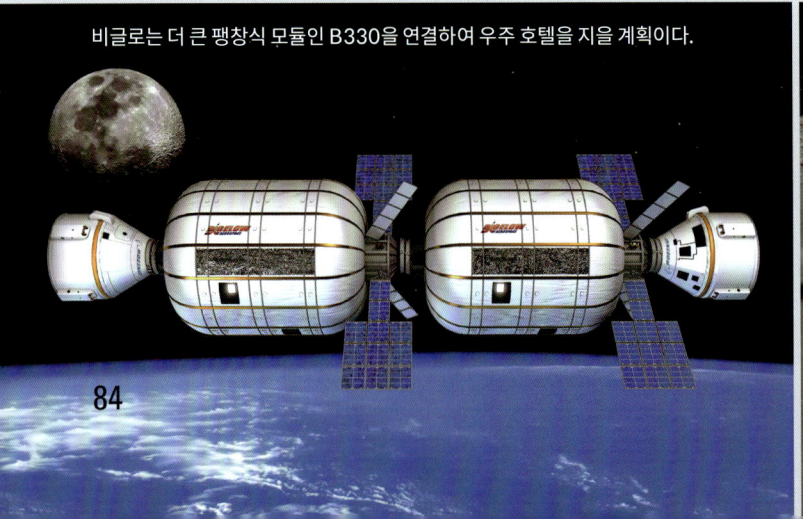

비글로는 더 큰 팽창식 모듈인 B330을 연결하여 우주 호텔을 지을 계획이다.

팽창식 모듈을 이용하면 훨씬 적은 비용으로 달에 우주 기지를 만들 수 있다.

우주로 여행을 떠나자

여러 민간 기업들이 고도 100km 이상을 다녀올 수 있는 상업 우주선을 개발하면서 해외여행을 떠나듯 우주 관광을 하게 될 날이 현실로 다가왔다. 대기권을 벗어나 우주에서 지구를 내려다보며 무중력 상태를 경험할 수 있는 우주 관광 상품이 개발되어 예약을 받기 시작했다. 1인당 2억 원 정도의 요금을 내야 하기 때문에 누구나 쉽게 떠날 수 있는 것은 아니지만, 전문적인 훈련을 받지 않은 일반인들이 우주로 간다는 것 자체가 중요한 의미를 갖는다. 민간 우주 산업이 발전할수록 좀 더 많은 사람들이 다양한 방법으로 우주를 직접 체험할 수 있는 기회가 늘어날 것이다.

'월드 뷰 엔터프라이즈'는 열기구에 승객 6명을 태우고 고도 32km까지 올라갈 계획이다. 무중력을 경험할 수는 없지만 성층권에서 우주와 지구를 볼 수 있다.

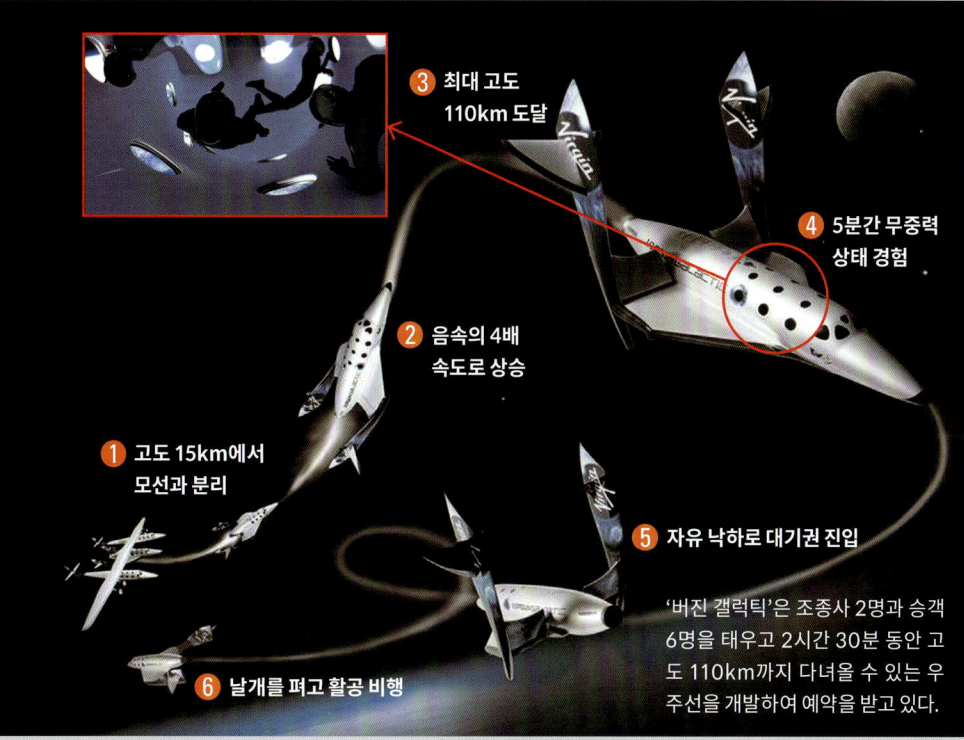

1. 고도 15km에서 모선과 분리
2. 음속의 4배 속도로 상승
3. 최대 고도 110km 도달
4. 5분간 무중력 상태 경험
5. 자유 낙하로 대기권 진입
6. 날개를 펴고 활공 비행

'버진 갤럭틱'은 조종사 2명과 승객 6명을 태우고 2시간 30분 동안 고도 110km까지 다녀올 수 있는 우주선을 개발하여 예약을 받고 있다.

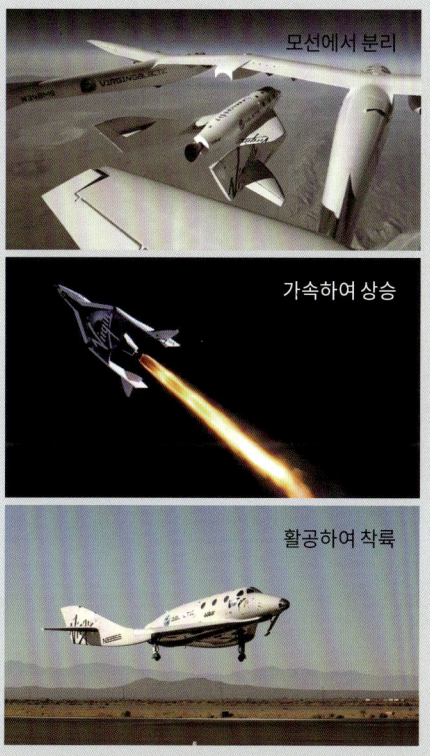

모선에서 분리

가속하여 상승

활공하여 착륙

'XCOR'는 조종사 1명과 승객 1명을 태우고 지상에서 출발해 고도 100km 이상까지 비행할 수 있는 우주선을 개발하고 있다.

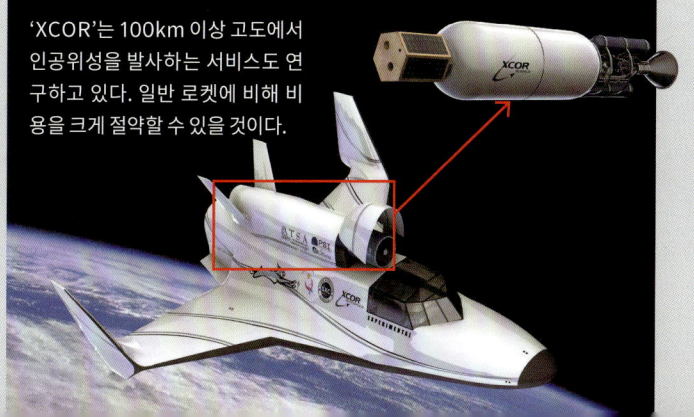

'XCOR'는 100km 이상 고도에서 인공위성을 발사하는 서비스도 연구하고 있다. 일반 로켓에 비해 비용을 크게 절약할 수 있을 것이다.

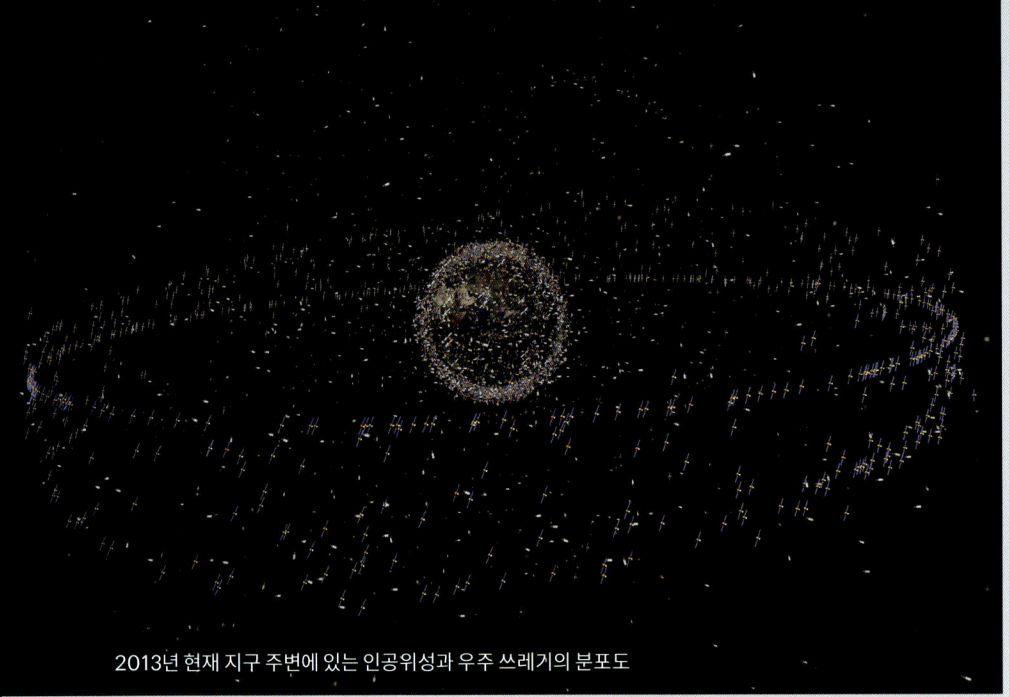
2013년 현재 지구 주변에 있는 인공위성과 우주 쓰레기의 분포도

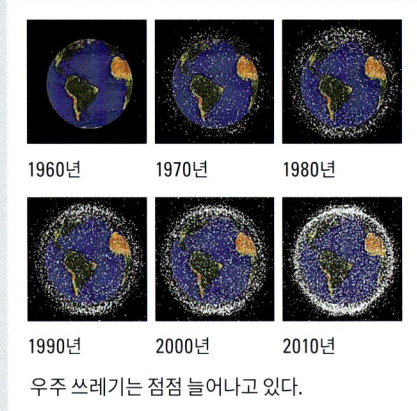
우주 쓰레기는 점점 늘어나고 있다.

1998년 러시아의 미르 우주정거장에 우주 쓰레기가 충돌하여 태양 전지판이 손상되었다.

1997년 미국 텍사스에 추락한 델타 로켓의 연료 탱크

우주 쓰레기 청소 작전

현재 50개국이 넘는 나라에서 인공위성을 운용하고 있다. 하지만 우주를 개발하여 활용할수록 우주 쓰레기도 함께 늘어나 큰 문제가 되고 있다. 로켓의 부속품이나 임무를 마친 인공위성들이 여전히 지구 주변 궤도를 떠돌고 있다. 우주 쓰레기는 작은 크기라도 공기의 저항을 받지 않는 우주 공간에서 빠른 속도로 움직이고 있기 때문에 우주선이나 인공위성과 부딪히면 큰 충격을 준다. 또 작은 충돌 하나가 연쇄 반응을 일으켜 대형 사고로 확산될 위험도 크다. 국제우주정거장도 궤도에 있는 우주 쓰레기를 피해서 여러 차례 고도를 옮겨야 했다.

안전한 우주 탐사를 위해서 우주 쓰레기를 청소하는 것이 시급하다. 우주 쓰레기를 청소하는 기본 원리는 지구 대기권으로 추락시켜 마찰열로 태워 없애는 것으로, 다양한 방식의 청소 위성이 연구되고 있다. 우리나라 항공우주연구원도 우주 쓰레기의 3D 지도를 작성하여 충돌 위험을 경고하는 시스템을 개발하여 운영하고 있다.

레이저 광선을 쏘아 우주 쓰레기를 잘게 부숴 지구 대기권으로 떨어뜨린다.

안개 같은 입자를 뿌리면 우주 쓰레기에 달라붙어 지구 대기권으로 추락한다.

청소 위성이 그물로 우주 쓰레기를 모은 다음 지구 대기권으로 돌입한다.

소행성대의 소행성들은 태양을 중심으로 약 3.3~6년을 주기로 공전하고 있다.

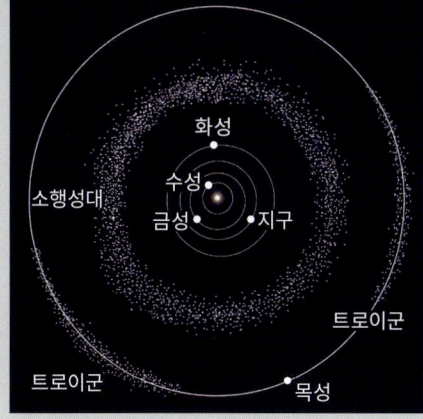
소행성대는 두께 1억km, 폭 2억km 정도 크기의 도넛 모양이다.

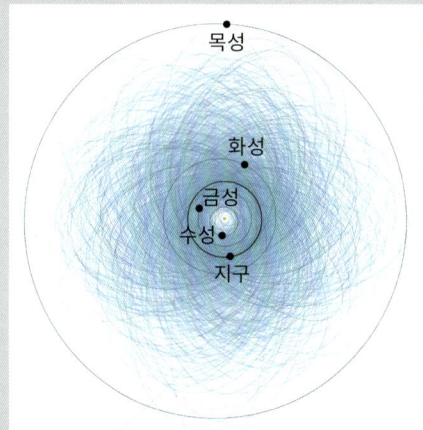
잠재적으로 지구와 충돌할 위험성이 있는 소행성의 궤도를 표시했다.

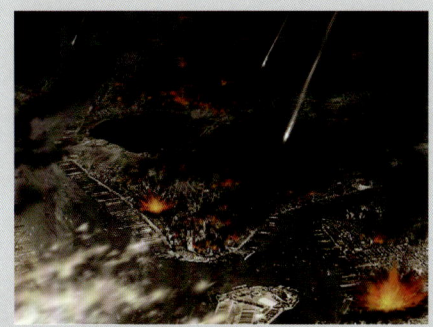
지름 100m 크기의 작은 소행성이라도 지구에 떨어지면 반경 50km 이내를 파괴할 수 있다.

소행성을 추적하라

화성과 목성 사이에는 수백만 개의 소행성들이 있는 소행성대가 있다. 소행성대의 소행성들은 태양계가 탄생할 때 하나의 행성이 되지 못하고 남은 천체들로 태양을 중심으로 공전하고 있다. 몇몇 소행성들은 태양의 중력에 이끌려 지구와 충돌할 만큼 다가올 가능성도 있다. 작은 크기의 소행성이라도 지구에 충돌하면 엄청난 운동에너지로 마치 핵폭탄이 터진 것 같은 충격을 준다. 만약 커다란 크기의 소행성이나 혜성이 충돌한다면 공룡이 멸종했던 사건처럼 대멸종이 일어날 수도 있다. 그러므로 충돌 위험이 있는 소행성을 찾아 감시할 필요가 있다.

한편 소행성에서 희귀한 자원을 개발하려는 움직임도 있다. 소행성에는 얼음 형태로 물이 존재하여 먼 곳으로 가는 우주선을 위한 정거장을 만들 수 있다. 또 미국의 민간 우주 기업들은 소행성 지하에 있는 백금, 이리듐, 팔라듐 같은 희귀한 광물 자원을 캐내기 위해 소행성에 우주 광산을 만드는 계획을 추진하고 있다.

미국항공우주국은 소행성을 포획해 달 가까이로 끌어오는 계획을 세우고 있다.

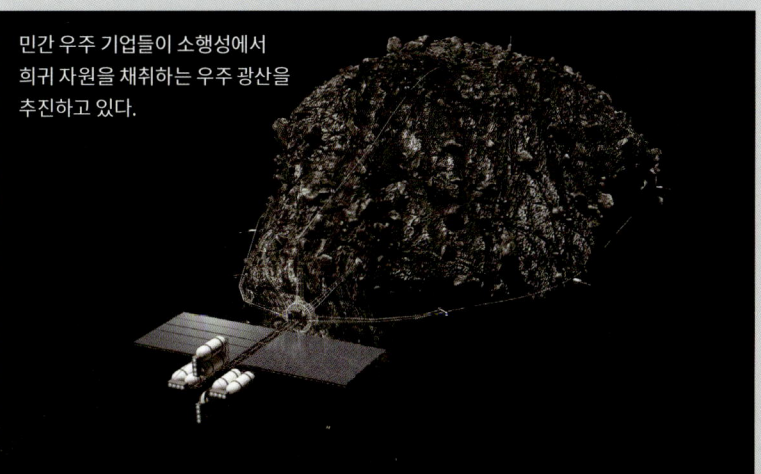
민간 우주 기업들이 소행성에서 희귀 자원을 채취하는 우주 광산을 추진하고 있다.

더 멀리 우주를 보는 거대 망원경

우주는 너무나 넓어서 현재 우리가 알고 있는 우주만 해도 빛의 속도로 940억 년을 가야 하는 크기라고 한다. 지구에서는 모든 것이 같은 시간 안에서 일어나지만, 우주에서 더 멀리 떨어져 있는 별은 그만큼 과거의 별을 보는 것이다. 따라서 더 먼 곳까지 내다보는 강력한 망원경을 만들수록 우주의 과거를 밝혀내어 우주 탄생의 비밀에 다가설 수 있다. 허블우주망원경의 뒤를 이어 우주를 관측할 제임스 웹 우주망원경이 2018년에 발사될 예정이다. 최대 규모의 지상 망원경인 유럽 초거대 망원경(E-ELT)도 2024년부터 관측을 시작할 계획이다.

제임스 웹 우주망원경은 아리안 5호 로켓에 주경을 우산처럼 접은 상태로 실어서 발사한다.

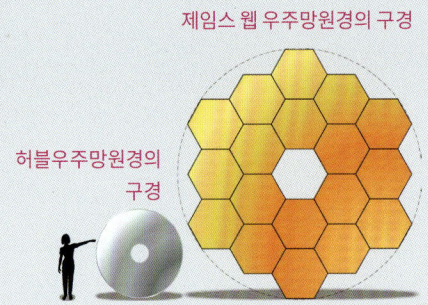

제임스 웹 우주망원경의 구경

허블우주망원경의 구경

제임스 웹 우주망원경은 육각형 거울 18개를 조합한 지름 6.5m의 거울을 갖춰 더 강력한 성능을 자랑한다.

제임스 웹 우주망원경은 지구로부터 150만km 떨어진 곳에 있으므로 태양과 지구의 영향을 덜 받아 더 선명하게 관측할 수 있다.

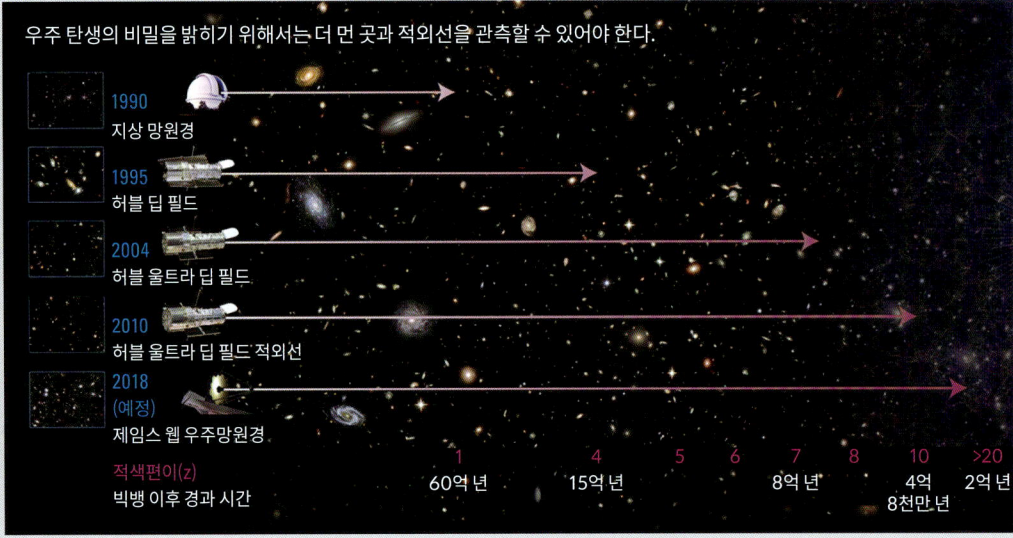

우주 탄생의 비밀을 밝히기 위해서는 더 먼 곳과 적외선을 관측할 수 있어야 한다.

- 1990 지상 망원경
- 1995 허블 딥 필드
- 2004 허블 울트라 딥 필드
- 2010 허블 울트라 딥 필드 적외선
- 2018 (예정) 제임스 웹 우주망원경

적색편이(z) / 빅뱅 이후 경과 시간

| 1 | 4 | 5 | 6 | 7 | 8 | 10 | >20 |
| 60억 년 | 15억 년 | | | 8억 년 | | 4억 8천만년 | 2억 년 |

칠레에 건설 중인 E-ELT는 세계에서 가장 큰 천체 망원경으로 허블우주망원경보다 15배나 선명한 사진을 찍을 수 있다.

E-ELT는 무게가 2,800톤이나 되며 1.45m 크기의 육각형 거울 798개를 벌집 구조로 이어 붙인 39.3m 크기의 주경을 자랑한다.

- 부 반사경(4m)
- 상하 조절 장치
- 주 반사경(39.3m)
- 레이저 발사 장치(4개)
- 360° 회전 장치

지구와 닮은꼴 행성을 찾는다

아직까지 우리는 우주에서 지구에 살고 있는 것과 비슷한 생명체를 찾지 못했다. 케플러 우주망원경은 우주에서 생명체를 찾기 위해서 지구와 비슷한 조건을 가진 행성을 찾고 있다. 태양계를 기준으로 본다면 태양과 너무 가깝지도 않고 멀지도 않은 거리에 있는 지구형 행성이 생명체가 거주할 수 있는 조건이다. 케플러 우주망원경이 찾아낸 태양과 비슷한 크기의 별(항성)들의 움직임을 분석하면 눈으로는 직접 볼 수는 없지만 행성의 궤도와 크기를 계산할 수 있다. 아직은 행성을 직접 볼 수 없지만 이 넓은 우주에서 다른 생명체를 찾아 나섰다는 점에서 중요한 시도로 기억될 것이다. 그 밖에도 외계 어딘가에 있을 지적 생명체를 향해 지구의 위치를 알리는 전파를 발신하고, 외계 문명에서 출발한 전파를 수신하기 위해 전파 망원경을 운영하는 등 외계 생명체와 접촉하기 위한 노력을 계속하고 있다.

2009년에 발사된 케플러 우주망원경은 지구와 1억 2천만km 떨어진 거리에서 지구를 뒤따라 태양을 중심으로 공전하며 지구와 비슷한 행성을 찾고 있다.

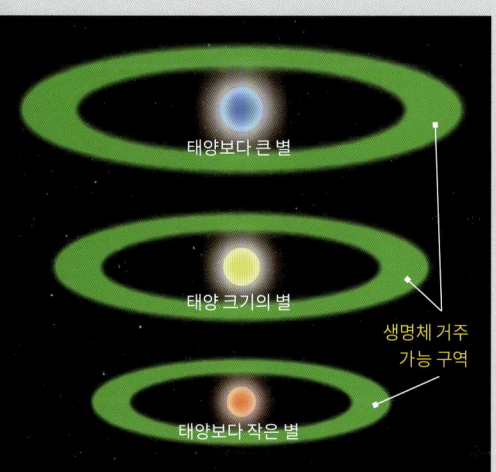

태양계에서 지구의 위치를 기준으로 생명체가 거주할 수 있는 행성의 조건을 계산할 수 있다.

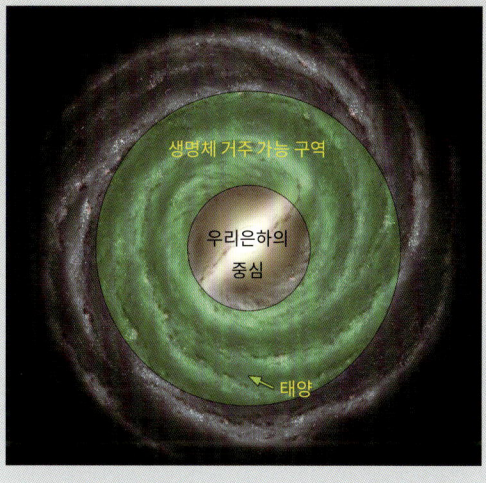

우리은하에서 태양계의 위치를 기준으로 생명체 거주 가능 구역을 추측할 수 있다.

케플러 우주망원경은 우리은하의 생명체 거주 가능 구역의 일부를 관측하고 있다.

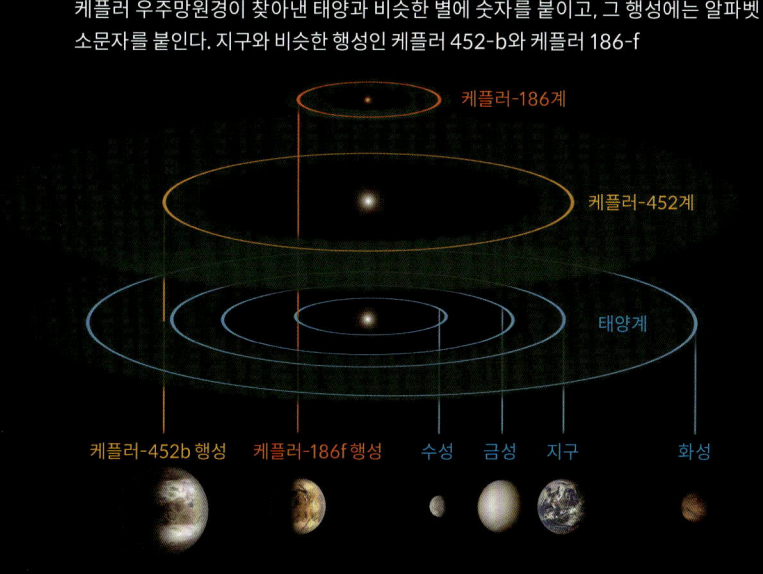

케플러 우주망원경이 찾아낸 태양과 비슷한 별에 숫자를 붙이고, 그 행성에는 알파벳 소문자를 붙인다. 지구와 비슷한 행성인 케플러 452-b와 케플러 186-f

케플러 우주망원경이 찾아낸, 지구와 비슷한 조건을 가진 행성들의 상상도

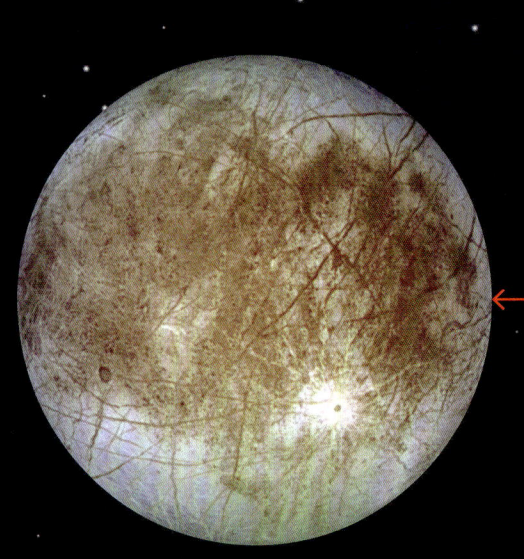

영하 160°C의 얼음으로 뒤덮인 유로파의
표면에는 여러 형태의 줄무늬가 있다.

유로파 남반구에서
7시간 동안 수증기가
솟구치는 것이
관측되었다.

목성의 위성인 유로파는 목성의 강한 조석력에 모양이 변형될 정도로 영향을 받는다. 이 과정에서 발생하는 에너지로 얼음 아래에 액체 상태의 바다가 존재하게 된다.

목성의 조석력 때문에 발생한
에너지가 얼음 아래에 있는
물을 표면으로 끌어 올린다.

얼음 표면을 뚫고 올라온 물이
얼어붙는 과정에서 유로파 표면에
줄무늬가 생긴다.

우주로 솟아오른 유로파의 물기둥

지난 2013년 목성의 위성 유로파에서 높이가 무려 200km에 이르는 수증기가 7시간이나 솟구치는 현상이 관측되었다. 얼음으로 뒤덮인 유로파의 표면은 영하 160°C에 이르고 균열의 흔적처럼 보이는 줄무늬가 있다. 그동안 과학자들은 유로파의 줄무늬가 얼음 아래에 있는 물이 표면으로 올라와 얼어붙는 과정에서 생긴 것이라 생각했는데, 유로파에서 솟구친 거대한 물기둥이 얼음 표면 아래에 거대한 바다가 있다는 증거일 것인지 관심을 모으고 있다.

달보다 조금 작은 유로파의 지하에는 지구의 두 배나 되는 크기의 바다가 있을 것이다. 토성의 위성인 타이탄의 지하에도 바다가 있을 것이다.

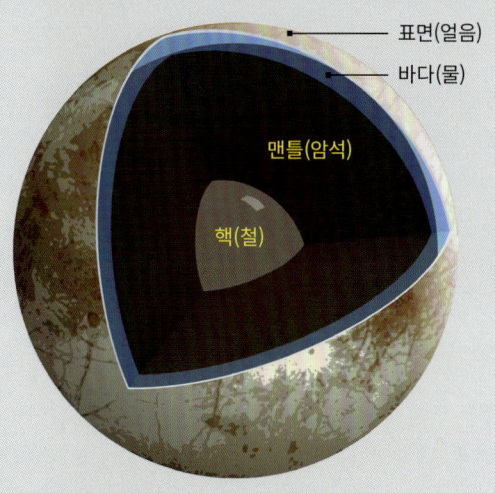

유로파의 내부 구조 철로 된 핵을 암석으로 된 맨틀이 감싸고 있을 것이다.

유로파의 표면 구조 단단한 얼음 아래에 따뜻한 얼음과 바다가 있을 것이다.

유로파의 생명체를 찾아서

과학자들이 목성의 위성인 유로파의 바다에 주목하는 이유는 그곳에 생명체가 살아가는 데 꼭 필요한 물이 지구보다 두 배나 많을 것으로 예상되기 때문이다. 수소와 헬륨으로 이루어진 목성이 강력한 방사능을 내뿜기 때문에 황량한 얼음 벌판인 유로파의 표면에서는 생명체가 살 수 없을 것이다. 하지만 유로파를 뒤덮고 있는 최소 3km에서 최대 수십 km 두께에 이르는 얼음이 방사능을 막아 주고 있어 그 아래에 있는 바다는 안전할 것이다. 과학자들은 그곳에 지구의 심해와 같은 생태계가 있을 것이라 생각하고 있다. 목성의 강한 중력을 이기고 유로파의 표면에 착륙하여 다시 최소 수 km의 얼음을 뚫고 내려가 어둡고 광대한 바다를 탐사하는 것은 결코 쉬운 일이 아니다. 하지만 외계 생명체를 만날 수 있다는 기대가 과학자들을 유로파로 이끌고 있다.

유럽우주국은 2020년에 목성과 유로파 탐사선을 보낼 예정이다.

유로파의 얼음을 뚫고 내려가 바다를 탐사하는 상상도. 미국항공우주국은 지난 2002년 북극에서 얼음을 뚫고 내려가는 실험에 성공했다.

지구의 심해 해저 화산의 뜨거운 열과 독성 환경에도 생명체가 살고 있기 때문에 유로파의 바다에도 생명체가 있을 것이라는 기대를 갖게 된다.

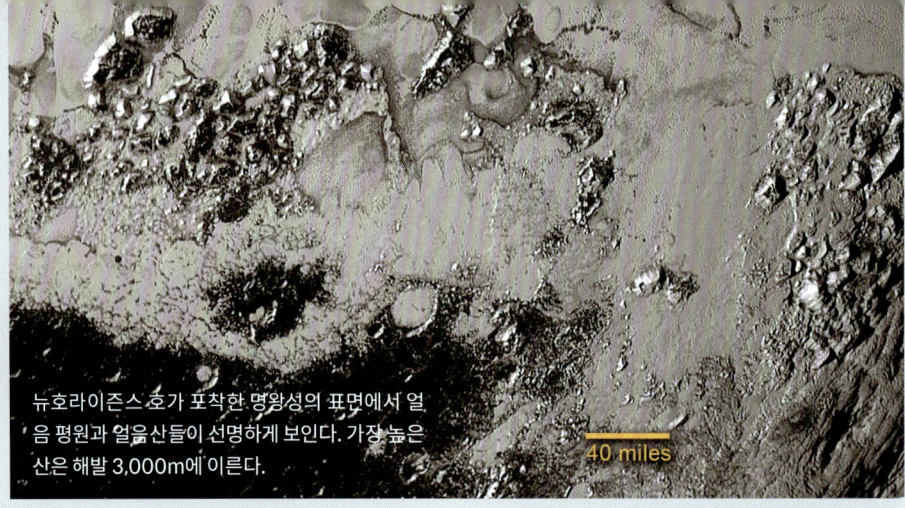

뉴호라이즌스호가 포착한 명왕성의 표면에서 얼음 평원과 얼음산들이 선명하게 보인다. 가장 높은 산은 해발 3,000m에 이른다.

지난 2015년 뉴호라이즌스 호가 명왕성을 근접 통과하며 찍은 것으로 오른쪽 아래 하트 모양의 지형은 거대한 얼음 평원으로 추측된다.

명왕성 탐사를 마친 뉴호라이즌스 호가 카이퍼벨트로 향하고 있다.

태양계 바깥에는 무엇이 있을까?

1950년 네덜란드의 천문학자 오르트는 혜성의 궤도를 계산해서 태양으로부터 아주 먼 곳에 혜성의 모체들이 공 모양으로 분포하고 있다고 발표했다. 이것을 '오르트 구름'이라 한다. 하지만 빛의 속도로도 1년을 가야 하는 먼 곳에 있기 때문에 이것이 실제로 존재하는지 아직 확인되지는 않았다. 1951년 미국의 천문학자 카이퍼는 핼리 혜성처럼 공전 주기 200년 이내의 단주기 혜성들은 해왕성 바깥쪽에 있는 '카이퍼벨트'에서 온다고 생각했다. 1990년 이후 명왕성 바깥쪽에 있는, 얼음과 암석으로 이뤄진 작은 천체들이 발견되면서 카이퍼벨트의 존재가 확인되었다.

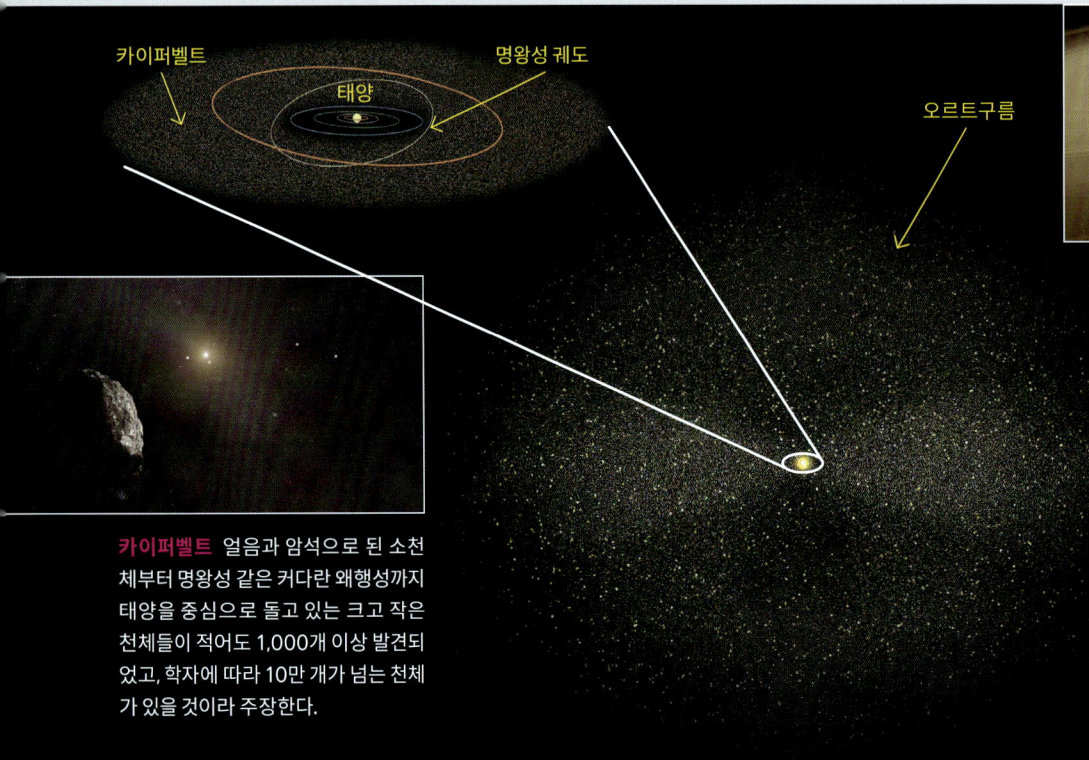

카이퍼벨트 얼음과 암석으로 된 소천체부터 명왕성 같은 커다란 왜행성까지 태양을 중심으로 돌고 있는 크고 작은 천체들이 적어도 1,000개 이상 발견되었고, 학자에 따라 10만 개가 넘는 천체가 있을 것이라 주장한다.

오르트구름 먼지와 얼음 조각들이 태양계를 공 모양으로 둘러싸고 있다. 태양과 거리가 멀어 태양계 탄생 초기의 물질들이 꽁꽁 얼어붙은 상태로 있을 것이다. 과학자들은 길게는 수백만 년의 공전 주기를 갖는 장주기 혜성들이 오르트구름에서 형성되어 출발한다고 생각한다.

보이저 호, 지구를 떠난 외로운 여행자

　1977년 8월과 9월, 쌍둥이 탐사선 보이저 1호와 보이저 2호가 태양계 탐사를 위해 발사되었다. 현재 보이저 1호는 태양으로부터 약 180억 km, 2호는 147억 km 떨어진 곳을 항해하고 있다. 보이저 1호는 인간이 만든 물체 중에서 가장 멀리까지 날아가 지구로부터 빛의 속도로도 17시간이 걸리는 곳에 있다. 하지만 태양에서 가장 가까운 별인 켄타우루스자리의 프록시마가 40조 km 떨어진 것을 보면 우주에서 180억 km는 그렇게 먼 거리가 아니다. 보이저 호의 여행을 지켜보면서 지구인들은 우주가 얼마나 넓은지, 지구는 얼마나 작은지 알게 되었다. 지금까지도 보이저 호는 지구로 전파를 보내오고 있지만, 2025년쯤 원자력 연료가 떨어지면 더 이상 지구로 소식을 전할 수 없을 것이다. 하지만 그 후에도 보이저 호는 더 먼 우주로 나아가며 지구인을 대신하는 외로운 여행을 계속할 것이다.

보이저 호를 발견할지도 모를 외계 문명을 위한 황금 레코드판이 실려 있다. 30cm 크기의 레코드판에 지구를 소개하는 115장의 사진과 55개 나라의 인사말을 포함한 지구의 소리가 들어 있다.

현재 보이저 호는 태양계 가장자리 영역을 날며 태양계를 벗어나려 하고 있다. 아직 우리는 어디까지가 태양계의 경계인지 정확하게 알지 못한다.

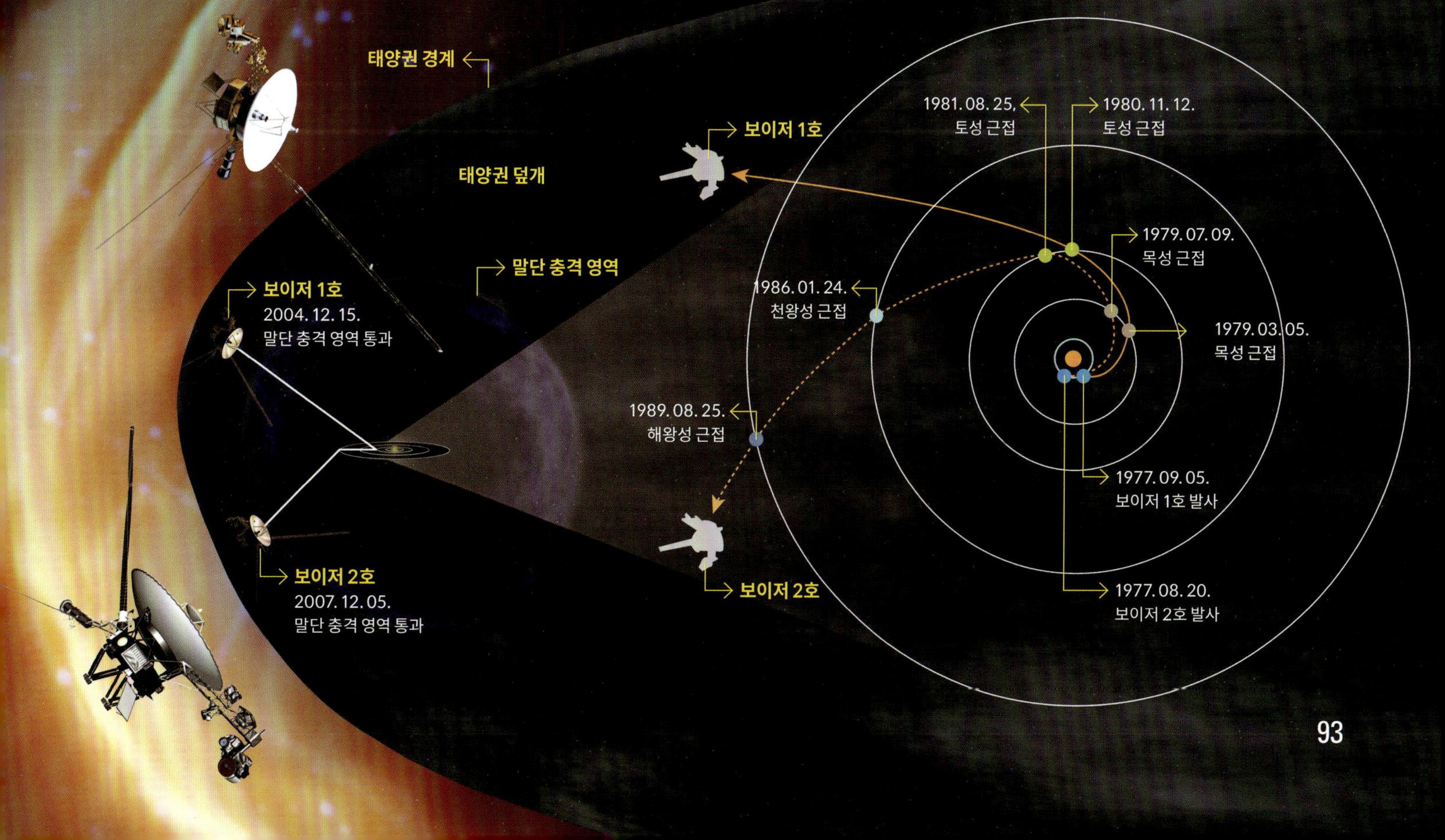

- 태양권 경계
- 태양권 덮개
- 말단 충격 영역
- 보이저 1호 2004. 12. 15. 말단 충격 영역 통과
- 보이저 2호 2007. 12. 05. 말단 충격 영역 통과
- 1981. 08. 25. 토성 근접
- 1980. 11. 12. 토성 근접
- 보이저 1호
- 1986. 01. 24. 천왕성 근접
- 1979. 07. 09. 목성 근접
- 1979. 03. 05. 목성 근접
- 1989. 08. 25. 해왕성 근접
- 1977. 09. 05. 보이저 1호 발사
- 1977. 08. 20. 보이저 2호 발사
- 보이저 2호

미국항공우주국은 2035년 화성 탐사에 열핵 로켓을 사용할 계획이다.

열핵 로켓은 대기권 밖에서 출발하는 우주선에 적합한 방식이다.

행성을 오가는 우주선의 시대

아직까지 인류는 달보다 더 먼 곳까지 나가 보지 못했다. 몇 달에서 몇 년이 걸리는 긴 우주여행을 하면서 사람의 생명을 유지하고 최소한의 생활을 하기 위해서는 많은 장비와 물자가 필요하지만 지금 기술로는 그만큼 크고 빠른 우주선을 만들지 못한다. 인류의 활동 영역을 적어도 화성이나 소행성대까지 넓히려면 지구에서 태양계 다른 행성을 오갈 수 있는 넉넉한 성능의 우주선을 개발해야 한다. 최근 주목받는 기술은 열핵 로켓(Nuclear Thermal Rocket)이다. 열핵 로켓은 원자로의 열을 이용하여 주로 액체 수소 같은 연료를 가열하여 기체가 팽창할 때 나오는 압력을 노즐로 내뿜으며 추진력을 얻는다. 물이 있는 곳에서 수소를 분해해서 연료를 보충할 수 있기 때문에 달이나 화성에서 물을 확보한다면 지구와 태양계 행성을 좀 더 쉽게 오갈 수 있을 것이다.

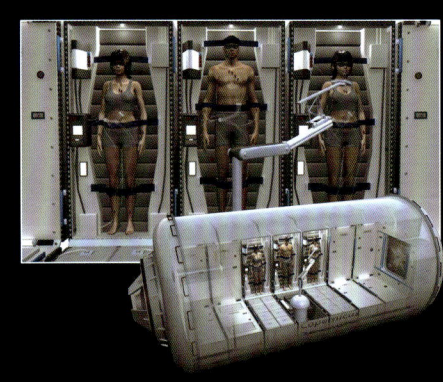

몇 년이 걸리는 우주여행을 위해서 다양한 형태의 수면 캡슐을 연구하고 있다.

태양광의 압력을 이용하는 돛단배 우주선은 속도는 느리지만 연료 없이 멀리까지 갈 수 있어 무인 탐사선으로 주목받고 있다.

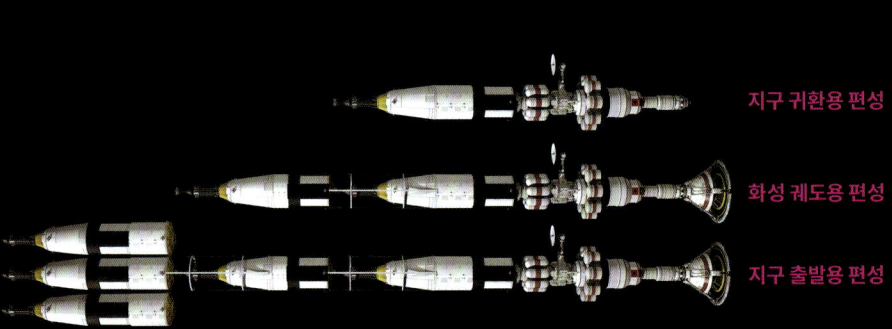

지구 귀환용 편성
화성 궤도용 편성
지구 출발용 편성

지구 출발용 추진 기관 | 화성 궤도용 추진 기관 | 지구 귀환용 추진 기관 | 승무원 거주 구역 | 화성 착륙선

미국의 보잉사는 열핵 로켓을 이용하여 지구와 화성을 오갈 수 있는 대형 우주선을 구상하고 있다.

지구를 떠나 우주에서 사는 날

우리 인류가 지구라는 우주선을 타고 있다는 비유로 '우주선 지구 호'라는 말이 있다. 우리는 지구의 환경과 자원이 영원할 것이라 생각하지만, 마치 우주선에 실을 수 있는 식량과 연료의 양이 정해져 있는 것처럼 지구의 자원들도 언젠가는 고갈되는 날이 올 것이다. 지구의 환경 문제가 심각해져서이거나, 아니면 인류의 활동 영역을 넓히기 위해서이거나 언젠가 인류가 지구를 떠나 다른 행성이나 먼 우주에서 살아가는 날이 올 것이다. 지금까지 우주 탐사는 인간의 호기심과 모험 정신을 따라 과학 발전을 이끌어 왔지만, 미래의 우주 탐사는 지구의 운명과 인류의 생존까지 책임지는 중요한 역할을 맡게 될 것이다. 그때를 위해 우리는 무엇을 준비해야 할까? 우주 탐사라는 미지의 영역을 개척하기 위해 지금까지 그래 왔던 것처럼, 인류는 언제나 새로운 문제에 맞서 결국 해답을 찾아낼 것이다.

지구 곳곳에 세워진 초고층 빌딩을 연결하는 새로운 층을 만들어 지구를 덮으면, 한정된 지구 공간을 확장해서 쓸 수 있다.

행성이나 위성의 표면 위에 고리 모양으로 빙 둘러 연결된 건물을 지으면, 우주 방사선으로부터 사람들을 보호하고 물자를 주고받기 쉽다.

실린더 모양을 한 거대한 우주 식민지를 만들고, 실린더가 회전하는 힘을 이용하여 인공 중력을 만들어 우주에서 생활한다.

우주 식민지 내부는 최대한 지구와 비슷한 환경으로, 하루의 길이도 24시간으로 조절한다.

도판의 출처

• **미국항공우주국(NASA)**
01a 오리온 구조, 02a 우주왕복선 발사대, 02b SLS 발사, 02c 화성 탐사, 03a 태양, 06a 지구, 06b 달, 06c 태양, 06b 은하단, 08c 오로라, 09b 딥 스페이스 1호, 10b 아틀라스 로켓, 11a 새턴 5호 불꽃, 11b 1단 분리, 11c 2단 분리, 11d 3단 분리, 11e 새턴 5호 발사, 16a 허블우주망원경 수리, 16b 허블우주망원경, 17a 창조의 기둥, 17b 허블 울트라 딥 필드, 17c 오리온대성운, 17d 쌍가락지성운, 17e 게성운, 17f 측면나선은하, 17g 부자은하 M51, 18a 소유스 로켓, 19a 소유스 우주선, 19b 소유스 우주접근, 19c 소유스 우주선 내부, 19f 소유스 캡슐 착지, 20a 우주왕복선 과정, 20b 우주왕복선 발사, 21a 우주왕복선 로봇 팔, 21b 우주왕복선 조종석, 21c 허블우주망원경 설치, 21d ISS 도킹, 21e 내열 타일, 21f 우주왕복선 착륙, 26a ISS 크기, 26b ISS 궤도, 27a ISS 관제 센터, 27b ISS 1999년, 27c ISS 2000년, 27d ISS 2002년, 27e ISS 2007년, 27f ISS 2011년, 28a ISS 구조, 28c 즈베즈다, 28d 자랴, 28e 방열판, 28f 태양 전지판, 28g 캐나다암, 28h 소유스 프로그레스, 29b 유니티, 29c 데스티니, 29f 레오나르도, 29g 피어스, 29h 퀘스트, 29j 트랜퀼리티, 30a ISS 외부, 30b 큐폴라 촬영, 30c 허리케인, 31a 도시 야경, 31b 오로라, 32a 무중력 불꽃, 32b 무중력 물방울, 32c 쥐 실험 장치, 32d 쥐 실험, 32e ISS 도킹, 32f 프로그레스 무인 우주선, 32g 생명 유지 장치, 33a 식물 재배, 33b 채소 시식, 33c 눈 검사, 33d 쌍둥이 실험, 33e 로보노트, 33f 3D 프린팅, 34a ISS 모형, 34b 의료 훈련, 34c 선외 활동복 훈련, 35a 중성부력 실험실, 35b 무중력 훈련, 35c 작업 훈련, 36a 선외 활동복, 36c 팔 결합, 36d 장갑, 36e 선외 활동복 착용, 37a ISS 작업, 37b 태양 전지판 수리, 38a ISS 역광, 38b 기타 연주, 38c 운동, 39a 큐폴라, 39b ISS 식사, 39c 침낭, 42a 태양계 위성 비교, 42b 지구와 달의 표면적, 42c 지구와 달의 크기, 43d 달 앞뒷면, 45b 원시 지구, 46a 새턴 5호, 46b 아폴로 캡슐 귀환, 48a 폭파 과정, 48b 폭파 결과, 48c 월면차 훈련, 48d 지질 탐사 훈련, 49a 달 모형, 49b 달 비행 시뮬레이터, 49c 도킹 시뮬레이터, 49d 착륙선 하강 훈련, 49e 착륙선 시뮬레이터, 49f 시뮬레이터 내부, 50a 사령선과 기계선, 50b 착륙선, 50c 착륙선 상단부, 50d 아폴로 11호 달 착륙, 50e 발자국, 50f 반사판, 51a 아폴로 착륙 지점, 51b 달 표면, 51c 서베이어 회수, 51d 월면차 주행, 52a 달의 지평선과 지구, 53a LRO 탐사선, 53b 티코 크레이터, 53c 티코 크레이터 중심부, 53d 티타늄 분포도, 53h 달 얼음 상상도, 56a 달의 바다, 56b 달 탐사, 56c 달 공항, 57a 로봇 작업, 60a 태양계 행성, 60b 지구형 행성, 61a 메신저 호, 61b 수성, 61c 수성 표면, 61d 수성 얼음, 62a 금성, 62b 금성, 62c 금성 지형, 63a 화성 일몰, 63b 올림푸스 화산, 63c 매리너리스 협곡, 63d 화성, 64a 화성 표면, 64b 발사, 64c 순항, 64d 진입, 64e 낙하산, 64f 피닉스, 64g 패스파인더, 64h 바이킹 2호, 64i 바이킹 1호, 64j 화성 지도, 64k 오퍼튜니티, 64l 스피릿, 65a 감속, 65b 상단 로켓 분리, 65c 역추진, 65d 착륙, 65e 큐리오시티, 65f 굴착, 65g 분석, 66a 큐리오시티 셀카, 66b 사암, 67a 날카로운 무늬, 67b 침전층 지형, 67c 파노라마 사진, 67d 샤프 산, 68a 물 흔적, 68b 화성 지형, 68c 화성 바다 상상도, 68d 물 흔적 비교, 68e 물 흔적, 68f 게일 크레이터, 68g 게일 호수 상상도, 69a 화성정찰위성 탐사선, 69c 메이븐 탐사선, 69d 검은색 띠, 69e 흐르는 소금물, 71d 사막 훈련, 71e 로버 테스트, 72b 지구 궤도, 73a 화성 탐사, 73b 온실, 73c 탐사 차량, 73d 화성 궤도, 73e 무인 화물선 착륙, 73f 유인 탐사선 착륙, 75b 지구와 화성의 자기장 비교, 78a 오리온 우주선 구조, 78b 대기권 재진입, 78c 오리온 사령선, 79a 비상 탈출 과정, 79b 아폴로 우주선과 오리온 우주선 비교, 79c 오리온 착륙선, 79d 오리온 우주선의 순항, 80b SLS 승무원 탑승형, 80c SLS 탑재물 수송형, 80d 엔진 테스트, 80e SLS 승무원 탑승형 구조, 80f SLS 탑재물 수송형의 임무, 81a X-37, 81b 대기권 재진입, 81c 유인 우주왕복선 구조, 83a 드래곤 우주선의 ISS 도착, 83b 드래곤 우주선, 84a ISS에 설치한 빔, 84c 빔 공장 조립, 84d 트랜스해브, 86b 우주 쓰레기 증가 추세, 86c 미르 우주정거장, 86e 레이저 발사, 86f 안개 분사, 86g 청소 위성, 87a 소행성대 상상도, 87c 잠재적 위험군, 87e 소행성 탐사, 88b 제임스 우주망원경 웹 탑재, 88c 제임스 웹 우주망원경, 88d 관측 범위 비교, 89a 케플러 우주망원경, 89d 케플러 우주망원경 관측 범위, 89e 케플러 452계와 186계, 89f 슈퍼 지구, 90a 유로파 표면, 90b 유로파 물기둥 원리, 90c 지구·유로파·타이탄의 물 비교, 91b 유로파 표면 구조, 91d 유로파 탐사 상상도, 92a 명왕성, 92b 명왕성 표면, 92c 뉴호라이즌스 호, 92d 카이퍼벨트와 오르트구름, 92e 카이퍼벨트 상상도, 92f 오르트구름 상상도, 93a 보이저 호의 황금 레코드판, 93b 지구, 93c 지구본과 아이들, 93d 움직임, 93e 손, 93f 보이저 호 경로, 94a 열핵 로켓, 94d 돛단배 우주선, 95c 실린더형 우주 식민지, 95d 우주 식민지 내부, 표1a 화성, 표1b 지구, 표1c 달, 표1e 열핵 로켓, 표1f Z-1 우주복 작업, 표1g 화성 기지, 표1h 화성, 표1i Z-1 우주복 전신, 표4a 소유스 로켓, 표4b SLS 로켓, 표4c 아틀라스 로켓, 표4e 델타 로켓, 표4f 우주왕복선

• **위키미디어 공용(Wikimedia Commons)**
07a 태양계, 08b 열권, 15g GPS 궤도, 18b 소유스 로켓 엔진, 57d 달 도시 불빛, 57e 돔 구조, 62d 탐사선 베네라 호, 62e 금성 표면, 71a 사막 훈련, 71b 암석 채취, 71c 기지 귀환, 75d 화성 테라포밍 변화, 80a 로켓 크기 비교, 86d 로켓 잔해 텍사스 추락, 87b 소행성대 분포, 88a 허블과 제임스 웹 주경 비교, 89b 거주 가능 비교, 89c 우리은하 거주 가능 구역, 91a 유로파 내부 구조

• **심재현(Jaehyun Sim)**
07c 우리은하, 07d 우주의 크기, 08a 대기권, 09a 지구 탈출 속도, 10a 작용 반작용, 14a 위성 궤도, 14b 주요 위성, 26c ISS 궤적, 43a 달의 공전 궤도, 43b 달의 위상 변화, 43c 달 앞면만 보이는 이유, 45a 달 크기 비교, 54e 한국형 달 탐사, 72a 화성 탐사 계획, 83c 팰컨 로켓 발사 과정

• **게티이미지코리아(gettyimagesKOREA)**
10c 로켓 원리, 11f 새턴 5호 구조, 15h GPS 원리, 16c 허블우주망원경 구조, 18c 소유스 우주선 구조, 20c 우주왕복선 구조, 36b 선외 활동복 구조, 44a 원시 행성 충돌, 44b 달 형성, 46c 아폴로 계획, 47a 아폴로 우주선 구조, 57g 미래의 달 기지, 74b 화성 거주 상상도, 74c 화성 테라포밍 과정, 87d 소행성 도시 충돌

• **유럽우주국(ESA)**
12a 아리안 5호 발사대, 12b 아리안 5호 발사, 12c 아리안 5호 궤적, 12d 아리안 5호 발사 과정, 12e 기아나 우주 센터, 13a 아리안 5호 탑재체, 13b 아리안 5호 발사대 구조, 13c 벌케인 엔진, 19d 프로그레스 무인 우주선, 19g 소유스 캡슐, 28b ATV 화물선, 29a ISS 트러스, 29e 콜럼버스, 29i 큐폴라, 57b 달 기지 내부, 57c 달 기지 확장, 57f 크레이터 돔, 69b 마스 익스프레스 탐사선, 69f 얼음 크레이터, 69g 화성 얼음 상상도, 69h 화성 지하, 86a 인공위성과 우주 쓰레기 분포, 91c 유로파 탐사선, 94b 행성 간 로켓, 표4d 베가 로켓

• **한국항공우주연구원(KARI)** (*공공누리에 따라 한국항공우주연구원의 공공 저작물 이용)
15a 뉴욕, 15b 모스크바, 15c 아리랑 3A 위성, 15d 잠실운동장, 15e 서울 한강, 15f 백두산 천지, 22a 나로과학위성, 22b 나로 호 발사 과정, 22c 나로 호 발사, 23a 대한민국 발사체, 23b 한국항공우주연구원 관제실, 23c 대한민국 우주 탐사 계획, 54a 한국형 발사체, 54b 궤도선, 54c 탐사 로버, 54d 착륙선, 55a 발사체, 55b 지구 전이 궤도, 55c 궤도선, 55d 궤도선 궤도, 55e 착륙선, 55f 착륙선 궤도, 55g 로버 분리, 55h 로버 분석

• **일본우주항공연구개발기구(JAXA)**
29d 키보, 53f 달 뒷면에서 지구 촬영

• **중국국가항천국(CNSA)**
53e 헬륨-3 분포도

• **시미즈 건설(SHMZ)**
53g 루나 링 프로젝트

• **마스500(Mars500)**
70a 마스500 시설, 70b 화성 표면 훈련, 70c 온실, 70d 운동, 70e 신체검사, 70f 마스500 구조, 70g 기타 연주, 70h 창고, 70i 시료 분석, 70j 도킹 훈련, 70k 식사

• **마스원(Mars One)**
74a 마스원 프로젝트 상상도

• **Antonio Ares Sainz, Joaquin Rodriguez Nuñez, Konstantino Tousidonis Rial**
75a 화성 온실가스 테라포밍

• **미국공군(USAF)**
81d X-37 착륙, 81e X-37 점검

• **스페이스X(Space X)**
82a 드래곤 화물형 내부, 82b 드래곤 탑승형 내부, 82c 화물형 우주선, 82d 탑승형 우주선, 82e 팰컨 9 발사, 82f 팰컨 로켓 종류, 83d 팰컨 9 로켓 착륙 과정

• **비글로 에어로스페이스(BIGLOW)**
84b 빔 내부 구조, 84e B330 우주 호텔, 84f B330 달 기지

• **월드 뷰(WORLD VIEW)**
85a 기구 상승 실험, 85b 기구 캡슐

• **버진 갤럭틱(Virgin Galactic)**
85c 무중력 체험, 85d 스페이스십2 과정, 85e 모선 분리, 85f 상승, 85g 착륙

• **엑스코 에어로스페이스(XCOR)**
85h 링스 탑승형, 85i 링스 화물형, 85j 링스 발사체

• **딥 스페이스 인더스트리(DSI)**
87f 소행성 광산

• **유럽남천문대(ESO)**
88e E-ELT 상상도, 88f E-ELT 크기 비교, 88g E-ELT 구조

• **미국해양대기청(NOAA)**
91e 열수구

• **스페이스웍스(SpaceWorks)**
94c 수면 캡슐

• **보잉(Boeing)**
94e 행성 간 로켓 구조, 94f 행성 간 로켓 상상도, 표1d 행성 간 로켓

• **Santi Musmeci, Sebastiano Maccarrone**
95a 지구를 확장하는 메가시티

• **Mamon Alexander, Tyutyunnik Artem**
95b 화성을 두르는 거대한 터널